KB144472

# 내 인생을
## 바꾸는
## 공부법

Foreign Copyright:
Joonwon Lee
Address: 10, Simhaksan-ro, Seopae-dong, Paju-si, Kyunggi-do,
　　　　　Korea
Telephone: 82-2-3142-4151
E-mail: jwlee@cyber.co.kr

# 내 인생을 바꾸는 공부법

2019. 5. 16. 초 판 1쇄 인쇄
**2019. 5. 24. 초 판 1쇄 발행**

지은이 | 김선석
펴낸이 | 이종춘
펴낸곳 | **BM** (주)도서출판 **성안당**

주소 | 04032 서울시 마포구 양화로 127 첨단빌딩 3층(출판기획 R&D 센터)
　　　 10881 경기도 파주시 문발로 112 출판문화정보산업단지(제작 및 물류)

전화 | 02) 3142-0036
　　　 031) 950-6300
팩스 | 031) 955-0510
등록 | 1973. 2. 1. 제406-2005-000046호
출판사 홈페이지 | www.cyber.co.kr
ISBN | 978-89-315-8779-1 (13370)
정가 | 15,000원

**이 책을 만든 사람들**
기획 | 최옥현
진행 | 오영미
교정·교열 | 오영미
본문 디자인 | 신인남
표지 디자인 | 박원석
홍보 | 김계향, 정가현
국제부 | 이선민, 조혜란, 김혜숙
마케팅 | 구본철, 차정욱, 나진호, 이동후, 강호묵
제작 | 김유석

이 책의 어느 부분도 저작권자나 **BM** (주)도서출판 **성안당** 발행인의 승인 문서 없이 일부 또는 전부를 사진복사나 디스크 복사 및 기타 정보 재생 시스템을 비롯하여 현재 알려지거나 향후 발명될 어떤 전기적, 기계적 또는 다른 수단을 통해 복사하거나 재생하거나 이용할 수 없음.

■ 도서 A/S 안내

성안당에서 발행하는 모든 도서는 저자와 출판사, 그리고 독자가 함께 만들어 나갑니다.
좋은 책을 펴내기 위해 많은 노력을 기울이고 있습니다. 혹시라도 내용상의 오류나 오탈자 등이 발견되면 **"좋은 책은 나라의 보배"**로서 우리 모두가 함께 만들어 간다는 마음으로 연락주시기 바랍니다. 수정 보완하여 더 나은 책이 되도록 최선을 다하겠습니다.
성안당은 늘 독자 여러분들의 소중한 의견을 기다리고 있습니다. 좋은 의견을 보내주시는 분께는 성안당 쇼핑몰의 포인트(3,000포인트)를 적립해 드립니다.
잘못 만들어진 책이나 부록 등이 파손된 경우에는 교환해 드립니다.

# 내 인생을
# 바꾸는
# 공부법

시골박사 **김선석** 지음

BM 성안당

# 공부도 과학이다

과학이 우리의 모든 것을 변화시키고 있다. 공부도 마찬가지다. 어떻게 과학적으로 공부하느냐에 따라 학습 효과가 크게 달라진다.

지금 공부하는 사람에게 원하는 것이 무엇이냐고 묻는다면, 아마 공부를 잘하여 '성적 올리는 것'이거나 '시험에 합격하는 것'이라고 대답하지 않을까.

이처럼 공부는 학생이든 성인이든, 늘 우리를 따라다닌다. 고등학생이라면 성적을 올려야 원하는 대학에 합격할 수 있고, 취업이나 자격증을 준비하는 사람도 마찬가지이다. 그렇다면 지금부터라도 효과적인 공부법을 익힐 필요가 있지 않을까.

공부는 우리가 원하는 방향으로 성장하게 만드는 도구이다. 그런데 안타깝게도 우리가 노력한 만큼 성적은 오르지 않는다. 성적이 뛰어난 사람들의 공통점을 살펴보면, 처음에는 공부가 재미없었지만 성적이 오르니 서서히 즐거워졌다고 한다.

그렇다. 공부는 즐거움을 느낄 때 머릿속에 많이 남는다. 남는 것이 많으니 똑같은 시간 동안 공부를 해도 다른 사람보다 성적이 더 오를 수밖에 없다. 당연한 말이다.

그렇다면 지겨운 공부를 어떻게 즐겁게 할 수 있을까. 여기에는 숨은 답이 있다. 다시 말해 '뇌의 원리'를 알고 뇌가 즐거워하는 방법으로 공부하는 것이다. '공부도 과학이다.'라는 말처럼 뇌의 성질을 충분히 이해하는 것이 무엇보다 중요하다. 과학적으로 하지 않으면 학습 효과가 높지 않기 때문이다.

이 책은 어떻게 하면 탁월한 공부 효과를 낼 수 있을까에 초점을 맞추어 총 5가지 핵심요소로 구성하였다.

**1장** 〈공부 전략〉에서는 타고난 재능을 찾아내 나만의 차별화된 방법으로 탁월한 능력을 키우는 비결을 살펴볼 것이다.

**2장** 〈공부의 즐거움〉에서는 한 그릿(GRIT)형 고등학생과 어느 평범한 엄마의 가치관, 그리고 뛰어난 사람들의 모방의 중요성을 다룬다. 이런 GRIT, 가치관 등을 통해 자신의 목표를 성취해 가는 이야기를 소개한다.

**3장** 〈행동을 이끄는 마음〉에서는 세계적인 석학들이 전하는 집중력을 키우는 핵심요소와 한 군인의 용기와 도전 등에 대한 이야기로 동기를 부여하는 방법을 담았다.

**4장** 〈공부 효과의 극대화〉에서는 같은 시간이어도 오전과 오후의 '사소한 차이의 힘'이 얼마나 큰 효율의 차이를 가져오는지 시간 관리의 중요성을 전한다.

**5장** 〈나를 키우는 최고의 학습〉에서는 공부할 때 몰입하는 방법과 고시 합격자의 공부 효과를 높이는 사례 등을 통해 효율적인 공부 방법을 다룬다.

이런 연구와 사례는 공부하는 자녀를 둔 부모나 공무원시험과 자격증을 준비하는 독자들에게 많은 도움이 되리라 본다.

　지금 우리는 보다 나은 삶을 위해 나름대로 노력하고 있다. 여기에는 보이지 않는 효율성이 뒤따른다. 요즘처럼 빠르게 변화하는 현대 사회에서는 시간과 노력 대비 효과가 매우 중요하다. 그만큼 공부하는 경우에도 탁월한 학습 방법이 필요한 때다. 나는 이를 위해 공부하는 데 효과적인 핵심 방법을 충분히 담으려고 애썼다. 특히 '시골박사의 한마디'는 세계적으로 저명한 학자들의 연구와 성적 우수자들의 공부 방법에 대한 나의 의견을 담았다.

　이 책은 공부 관련 이야기를 에세이로 엮었다. 읽다보면 나의 이야기를 통해 끊임없이 도전하는 용기와 자신감도 얻을 것이다. 그리고 무엇보다도 성적이 잘 오르지 않는 사람들은 실력이 뛰어난 사람들의 공부 방법과 습관을 자연스럽게 익힐 수 있을 것이다.

　아무쪼록 이 책을 통해 여러분의 미래가 밝게 빛나길 기원한다.

시골박사_ 김선석

/ 이 책을 추천하신 분들 /

　21세기는 변화의 물결이 급물살을 타는 시대이다. 이 책은 변화의
물결에 대비하는 경쟁력을 계발하는 학습 내용을 녹여내고 있다. 자
녀를 꿈나무로 키우고자하는 부모들과 공무원시험 준비생들에게 안
내서 역할을 할 것이다. 이 책을 통해 각자가 가지고 있는 잠재력을
일깨워 인생의 터닝 포인트로 삼는 계기가 되기를 기대한다.

**조성민(법학박사)** 한양대 법학전문대학원 명예교수


　이 책에는 학습에 도움이 될 만한 유익한 연구 결과들이 소개되고
있다. 효과적인 공부 방법을 통해 성적을 올리는 데 좋은 지침서가
될 것이다. 이 책이 제시하는 동기 부여를 통해 독자들이 인생의 터
닝 포인트를 만나게 되길 기대한다.

**오성삼(교육학박사)** (전) 인천 송도고 교장, 건국대학교 교육대학원장

먼저 저자의 공부법에 관한 도서 출판을 진심으로 축하드린다. 이 책에서는 세계적인 학자들이 연구한 효율적인 공부 방법과 명문대 합격생, 행정고시 합격자들이 전하는 기억할 만한 공부 방법을 전하고 있다. 대학입시, 공무원시험 등을 준비하는 독자들에게 유익한 정보가 될 것으로 기대한다.

**박종식** 인천광역시 인재개발원장


공부는 독서량과 평소 습관이 중요하다. 좋은 습관이 공부 효과를 높인다. 이 책은 공부할 때 꼭 알아야 할 독서 방법과 습관, 그리고 뇌의 원리를 통한 효율적인 공부 방법이 담겨 있다. 이 책을 읽고 많은 독자들이 바라는 목표를 꼭 실현하기를 진심으로 바란다.

**추한석** 인천광역시 미추홀도서관장


대부분 우리는 공부하기를 싫어하는 편이다. 그럼에도 불구하고 공부를 해야 한다. 그렇다면 공부하는 효율적인 방법은 무엇일까? 이 책에서는 다섯 가지 키워드, 즉 '나만의 차별화', '목표와 성취', '동기 부여', '시간 관리', '몰입'으로 완벽한 공부 방법을 세계적인 학자의 연구 사례와 함께 독자들에게 생생하게 전하고 있다.

**나병준(법학박사)** 충남도서관장

지난 겨울, 대학입시를 배경으로 다룬 드라마가 종편에서 최고 시청률을 기록해 화제가 되었다. 이처럼 우리 사회에서 공부와 시험은 늘 뜨거운 관심사다. 이 책은 우리가 어떻게 공부해야 할 것인지를 쉽게 설명하고 있어, 입시를 앞둔 학생이나 부모 등에게 많은 도움이 될 것이라 믿는다. 독자들은 저자가 겪은 인생의 현장을 생생히 엿보면서 자연스럽게 따라 해보고 싶은 마음이 들 것이다.

**김세헌** 인천광역시 해양항만과 팀장, 서울대 졸업, 제54회 행정고시 합격


매우 감동적이고 매력적인 책이다. 경험으로 깨닫고 있었지만 이 책을 읽으며 최고의 공부 방법은 역시 '몰입'이라고 더욱 확신하게 되었다. 몰입은 뇌 학습 원리에서 나오기 때문이다. 이 책은 뇌 학습 원리를 통한 효과적인 공부 방법을 전하고 있다. 특히 저자의 에세이를 읽다보면 자연스럽게 공부하고 싶다는 마음이 들 것이다. 독자들의 학습 능률을 높이는 데 큰 도움이 되리라 믿는다.

**지용한** 인천 송도치과원장, 서울대 치과대 졸업

공부는 마음이다. 이 책을 읽다 보면 스스로 공부하고 싶은 마음을 갖게 한다. 특히 세계 최고의 교수들이 밝힌 효율적인 공부 방법들은 지금까지 독자의 공부 습관을 크게 바꿀 것으로 본다.

**정옥자** 교사, 인천 신정중

이 책은 저자가 수년간 깊이 숙고하고 연구한 결과를 집대성한 역작이라고 할 수 있다. 세계 최고의 교수들이 과학적 연구를 통해 밝힌 효율적인 학습 방법을 담고 있으므로 수험생뿐 아니라 평생 학습하는 모든 분들에게 추천하고 싶다. 이 책의 내용을 배우고 익혀서 많은 사람들이 목표한 바를 꼭 성취하기를 기원한다.

**조동희** 공인회계사, 인일회계법인

최고의 기술은 최고의 전문가로부터 나온다. 이 책은 세계 최고의 학자들이 밝힌 효율적 공부 방법을 간결하고 이해하기 쉽게 설명하고 있다. 아울러 저자가 몸소 체험한 유익한 학습 방법 사례가 많이 들어 있다. 학생은 물론 공부하는 직장인들에게도 학습 능률을 높이는 데 매우 유익하리라 믿는다.

**안관주** 변호사, 인천지방변호사회 부회장

우리는 삶을 영위하면서 사회의 일원이 되기 위한 노력을 요람에서 무덤까지 한다. 가치 있고 훌륭한 삶을 살아가는 데 효과적인 독서와 공부 방법은 매우 중요한 역할을 한다. 이 책은 아무리 강조해도 지나치지 않을 공부법을 에세이로 빌려 전하고 있다. 미래의 꿈을 위해 노력하는 모든 분들에게 이 책은 꼭 읽어 볼만한 필독서 중한 권이라고 믿어 의심치 않는다.

**서승린** 서울 동화한의원 원장, 경희대 한의대 졸업

시대에 성공하고 행복한 삶을 영위하려면 어떻게 해야 하는가? 무턱대고 열심히 공부하고 일하는 방식으로는 앞서가기 어렵다. 무엇을 하든 몰입이 필요하다. 이 책은 공부 전략으로 몰입의 학습법을 다뤘다. 수험생뿐 아니라 직장인, 사업가, 전문가에게도 의미 있는 메시지를 전하고 있다. 저자의 체험이 녹아든 생생한 에세이는 독자들에게 용기와 새로운 도전을 일깨워 줄 것이다.

**하수경** 서울대 경제학과 4년

## / 차 례 /

### Chapter 1
# 공부 전략 : 나만의 차별화

## Chapter 2
## 공부의 즐거움 : 목표와 성취

## Chapter 3
## 행동을 이끄는 마음 : 동기 부여

**Chapter 4**
# 공부 효과의 극대화 : 시간 관리

**Chapter 5**
# 나를 키우는 최고의 학습 : 몰입

Chapter 1

# 공부 전략
## : 나만의 차별화

내 인생을 바꾸는 공부법

# 01 하버드대 교수가 전하는
## 탁월한 능력을 키우는 비결

훌륭한 삶은 어떤 존재 상태가 아니라 과정이다.
목적지가 아닌 방향이다.
— 前 시카고대 교수 칼 로저스 Carl Rogers


## ✍ 타고난 재능 이야기

—

"재능이란 무엇일까?"

소크라테스, 아인슈타인, 베토벤이 월드컵축구 대표 선수로 뛰는 가상 경기가 열렸다. 공격수는 소크라테스, 수비수는 아인슈타인, 골키퍼는 베토벤이 맡았다. 자, 경기가 시작되었다.

상대편 선수가 가볍게 아인슈타인을 제치고 쏜살같이 뛰어 들어온다. 위험한 순간이다. 정면으로 슈팅을 정확하게 날린다. 하지만 골키퍼 베토벤이 손가락 힘으로 공을 골대 밖으로 힘껏 쳐냈다. 평소 피아노 건반을 내려 치던 힘을 발휘한 것이다.

이제 공격이다. 과학에 뛰어난 아인슈타인이 멀리 있는 소크라테스에게 정확하게 패스한다. 소크라테스는 상대방 선수를 재치 있게 따돌리며 강한 중거리 슛을 날린다. 공은 엄청난 속도로 날아가 골인이 된다. 감탄이 절로 나오는 멋진 골이다. 경기장을 가득 채운 수만 명의 관중이 모두 일어나 환호한다. 이때 소크라테스, 독특한 세리머니로 자신의 존재감을 드러낸다.

여기 나온 인물들은 각 분야에서 세계적으로 유명하다. 하지만 철학, 과학, 음악 분야가 아닌 스포츠에서 '축구의 신'처럼 뛰어난 실력을 발휘하기는 사실상 어렵다. 그들은 타고난 재능과 노력으로 자신의 능력을 키웠다.

만약 소크라테스가 타고난 재능인 철학적 기질을 무시하고 축구 선수가 되기 위해 운동장에서 공놀이를 하고, 아인슈타인이 피아니스트가 되기 위해 건반 위에서 피아노 치는 연습을 했다면, 과연 세계적으로 인정받는 사람이 될 수 있었을까. 아마 그렇지 않았을 것이다.

《노인과 바다》, 《태양은 다시 떠오른다》 등 명작을 남긴 세계적인 소설가 헤밍웨이는 "먼저 재능이 있어야 한다. 그 다음에 훈련이다"라고 했다. 나도 이 말에 공감한다.

## ✍ 위대한 인물들의 공통점

타고난 재능에 대한 나의 깊은 생각은 볼프강 아마데우스 모차르트의 삶을 다룬 책을 읽으면서 떠올랐다. 그는 어릴 때부터 음악을 좋아했다. 그의 관심은 오직 음악뿐이었다. 머릿속에는 음악이 떠나지 않았고, 음악에 온 힘을 쏟았다. 그래서일까. 〈피가로의 결혼〉 같은 빛나는 작품은 오늘날에도 많은 사람에게 감동을 주고 있다. 이처럼 모차르트는 음악이라는 한 분야에서 평생을 보냈다. 하지만 우리는 어떤가?

안타깝게도 우리는 대부분 그렇지 않다. 성장하면서 그토록 좋아하고 대학입시 때 신중하게 선택한 전공을 통해서도 자신의 능력을 탁월하게 키우는 경우가 많지 않다. 그렇다면 어떻게 탁월한 능력을 키울 수 있을까? 이에 대해 하버드대 심리학과 교수인 하워드 가드너는 모차르트, 피카소, 프로이트, 버지니아 울프 등 위대한 인물의 성장 환경과 생활습관 등의 연구를 통해 우리가 배울 만한 세 가지 주요 특성을 다음과 같이 밝혔다.[1]

---

1) 하워드 가드너, 《창조적 인간의 탄생》, 문용린 옮김, 사회평론, 2016, pp.243~254.

첫 번째, 자기 성찰을 해야 한다.

피카소는 2백 권의 노트에 오랜 자신의 삶을 기록하면서 사고의 습관을 성찰했고, 버지니아 울프는 에세이나 일기를 쓰면서 스스로를 성찰했다. 또 프로이트는 어려서부터 겪은 성공과 실패에 대해 성찰했다. 이처럼 세 사람은 자신의 꾸준한 성찰을 통해 핵심 능력을 키우는 데 귀를 기울었다.

두 번째, 위대한 인물들은 남과 다른 장점을 최대한 활용했다.

모차르트는 어린 시절부터 두각을 나타낸 음악적 재능을, 프로이트는 자신이 잘하는 심리학 분야를, 버지니아 울프는 언어 분야를 통해 재능을 발휘했다. 그들은 자신이 취약한 분야를 보완하려고 애쓰기보다는, 자신만의 뛰어난 영역을 어떻게 개발할 것인가를 중점적으로 생각했다.

세 번째, 실패와 좌절 앞에서도 위대한 인물들의 교훈을 통해 삶을 개선했다.

위대한 인물들은 하나의 경험을 통해서도 교훈을 얻으려고 노력했다. 이처럼 삶을 개선하려는 끊임없는 노력이 실패와 좌절을 이겨내게 만들었고, 탁월한 능력을 키우게 했다.

그러면서 교수는 여기서 중요한 것은 언제나 목표를 약간 높게 정하는 것이라고 강조하고 있다.

위의 세 가지를 정리해보면, 탁월한 능력을 키우기 위해서는 자신에 대한 성찰과 타고난 재능의 발견, 그리고 평소 교훈을 받아들여 삶을 개선시키는 자세가 무엇보다 중요하다.

### ✍ 탁월한 능력을 키우는 비결

대부분 사람들은 자신의 재능을 찾지 못한다. 이때는 어떻게 해야 할까? 나는 다음과 같은 방법을 추천하고 싶다.

먼저 자기 성찰을 위해 일기쓰기를 권한다. 일기는 자신의 생각과 행동을 담고 있어 무엇보다 자신을 스스로 이해할 수 있다. 그리고 자신의 재능을 알아보는 데는 부모가 무엇에 관심이 많고 잘하는 지에 대해 귀를 기울여 보라고 권하고 싶다. 자신의 모습이 부모를 닮듯 자신의 잠재된 재능도 닮을 가능성이 높기 때문이다.

다른 방법으로 관심 있는 책이나 취미 생활을 통해서 자신의 능력을 키울 수 있는 분야를 파악하는 것도 있다. 이때 자신이 좋아하고 조금이라도 남보다 잘하는 재능이 보이면 해당 분야를 더 잘하기 위해 포기하지 않고 노력해야 한다.

여기서 무엇보다 중요한 것은 해야 할 일에 많은 시간을 투자하고 집중하는 것이다. 게다가 자신이 하는 일에 의미까지 발견한다면 이것이 자신의 능력을 탁월하게 키우는 길이며, 더 나은 삶을 살아가는 지혜가 아닐까.

## ✍ 체험이 재능을 찾는다
—

얼마 전 퇴근길에 내가 살고 있는 아파트 단지 내 반찬가게를 들렀다. 가게 안 반찬 진열장이 눈에 들어왔다. 수십 가지 반찬이 보기 좋게 놓여 있었다. 차분히 어떤 반찬들이 있나 들여다보며 구경했다.

반찬들이 있는 바로 아래에는 어린이들의 이름표처럼 각각 자기 소개를 하고 있었다. 아삭아삭 깍두기 8,000원, 아드득 총각김치 9,000원, 포기김치(생새우 왕창~) 10,000원, 오이소박이 8,000원. 반대편에 배열된 반찬으로 시선을 돌렸다. 그곳에는 이런 문구도 읽을 수 있었다. '단백질 대표 식품 국내산 서리태 생땅콩자반 4,000원'. 이렇게 맛있게 보이는 반찬들이 많다니, '반찬 만드는 법 몰라 굶어 죽지는 않겠네.'라는 생각이 문득 머리를 스쳤다.

그러다가 가게에서 아르바이트생으로 보이는 여학생 얼굴을 쳐다봤다. 아니, 어찌된 일인지 학생이 흰 휴지로 콧구멍을 막고 있었다. 코피가 방금 터진 것 같았다. 코 아래로 피가 조금 흘러내리

　　　　　　　　　　　　　　　　내 인생을 바꾸는 공부법

고 있었다. 나는 그녀의 눈빛에서 당황한 표정을 보았다. 어쩌면 평소 하지 않던 일을 힘들게 해서였을지 모른다. 천국같은 집에서 생활하다 방학 때라 일터에 뛰어들었더니 몸이 이겨내지 못했을것 같다. 아무튼 고된 아르바이트 때문에 코피가 흘렀을 거라는 생각이 들었다.

여기서 우리는 생각해 볼 게 있다. 아르바이트를 할 때도 아무 일이나 하는 것보다는 자신이 관심 있고 하고 싶은 분야를 체험하는 것이 좋다.

음악이든 운동이든 태어날 때부터 특별한 재능을 가진 사람이 있다. 그런 사람은 어릴 때부터 인생의 목표를 향해 최선을 다해 나아간다. 반면 대부분 아이들은 유치원을 다닐 때는 뭔가 재능을 타고 난 것처럼 보인다. 이런 모습을 보고 부모는 '우리 아이는 역시 뛰어나.'라고 생각하며, 아이 행동에 관심이 많고 기대도 크다. 하지만 안타깝게도 중고등학교에 진학하면서 부모의 기대는 무너지기 시작한다. 심지어 대학을 다니면서도 특별한 재능을 찾지 못한다. 결국 자신이 어떤 주특기를 가지고 있는지도 모른 채 평생을 살아가는 경우가 많다. 그렇다면 어떻게 해야 조금이라도 숨어 있는 재능을 찾아낼 수 있을까. 답은 있다.

체험 학습이라는 직접 활동을 하는 것이다. 현장에 뛰어들어 관심 있는 분야가 나의 적성에 맞는지, 그렇지 않은지를 눈으로 직접 확인하고 가슴으로 느껴보는 것이다. 세상과 부딪히면서 얻은 지식과 다양한 체험은 인생을 살아가는 데 큰 도움이 된다. 조금씩 시간을 내서 접해본 체험은 그동안 미처 깨닫지 못한 많은 것을 깨닫게 만든다. 결국 부딪쳐 본 많은 체험들이 곧 재능을 찾는 길이다.

 **시골박사의 한마디!**

빠르게 성적을 올리는 비결

- 공부를 열심히 하는데도 성적이 오르지 않는다. 어떻게 실력을 빠르게 향상시킬 수 있을까? 이에 대해 대니얼 코일(Daniel Coyle)은 그의 저서 《탤런트 코드》에서 다음과 같이 이야기한다. "우리 뇌 속에는 미엘린이라는 신경절연물질이 있다. 스킬은 특정 패턴의 연습을 반복할수록 실력이 크게 향상된다. 마치 야구 스윙을 연습하거나 바흐의 곡을 연습할 때 정확한 신호가 반복되면 미엘린이 신경 회로 주위를 겹겹이 감싸면서 절연층을 만드는 것처럼. 이렇게 한 겹씩 미엘린이 늘어날 때마다 조금씩 실력이 향상되고 속도도 빨라진다.[2]"라고 했다.
- 우리는 공부할 때 '열심히'만을 중요하게 생각한다. 하지만 최고 실력을 발휘하려면 제대로 된 공부 기술을 익혀야 한다. 이런 공부 방법을 몸에 많이 익힐수록 스킬은 향상되고 최고 실력을 발휘할 수 있다.

---

2) 대니얼 코일, 《탤런트 코드》, 웅진지식하우스, 윤미나 옮김, 2010, pp.17~19.

내 인생을 바꾸는 공부법

# 02 나의 인생 터닝 포인트 (Turning Point)

인생은 생각에 의해 만들어진다.
- 철학자 마르쿠스 아우렐리우스 Marcus Aurelius

## ✎ 나의 인생을 바꾼 한의사의 말

2018년 12월 5일, 2019학년도 대학수학능력시험 성적이 발표되었다. 이 시험에서 만점을 받은 수험생이 있었다. 바로 김군이다. 그는 군인이었다. 군대 생활을 하면서 주변 사람들과 미래에 대한 이야기를 나누다 수능 재도전이라는 목표를 갖게 되었다고 했다. 무심코 흘려보내지 않았던 한 마디 말이 김군 인생을 바꾸는 터닝 포인트(Turning Point)가 된 것이다.

나에게도 인생을 바꾼 터닝 포인트가 있다. 사연은 이렇다. 나는 열일곱 살 때 고향을 떠나 서울에 올라왔다. 한의원에 취업했을 때 원장님은 나를 친척처럼 잘 대해 주셨다. 나는 처방전을 보며 한약을 짓는 일을 했다. 그 당시 몸이 허약해 호신술을 배우려고 체육관(합기도 도장)을 다니고 있었다. 어느 날 원장님은 내게 이런 말씀을 하셨다.

"호신술보다는 공부를 해 보렴……."

그날 밤, 나는 잠자리에 누워 앞으로 살아갈 진로에 대해 밤이 깊도록 곰곰이 고민했다.

'호신술은 나를 지켜줄 수 있어 좋아. 하지만 내 나이 열일곱, 공부를 하는 것이 내가 살아가는 데는 훨씬 더 필요하지 않을까.'라고.

## ✎ 수험번호 4444번 합격

ㅡ

그때 나는 의사가 되고 싶었다. 그래서 공부를 해야겠다고 마음먹었다. 우선 중학교 자격부터 갖춰야 했으므로 검정고시학원에 등록을 했다. 하루 일과를 마치고 강의실에 들어가면 수십 명의 수강생이 앞자리를 차지하고 있었다. 나는 뒷자리에 앉아 강사가 칠판에 쓰고 있는 글씨를 읽으려고 애를 썼으나 잘 보이지 않았다. 강의 내용도 거의 이해할 수 없었다. 여기에다 강사의 빠른 설명은 나를 기죽이기 충분했다. 한 달도 채 안 되어 수강을 포기했다. 학원비도, 시간도 아깝게 느껴졌기 때문이었다.

그 대신, 서점에서 시험 과목당 책을 한 권씩 샀다. 그리고 책 첫 장부터 정독으로 공부했다. 그랬더니 책 중간쯤 공부할 때는 앞쪽 내용이 전혀 기억나지 않았다. 잘못된 공부법이라는 것을 깨닫는 순간이었다. 그 후부터 나는 다독 위주로 공부했다. 첫 장부터 마지막까지 무조건 진하게 써진 주요 내용만 읽었다. 이 방법으로 시험 과목을 빠르게 1회독할 수 있었고 자신감도 얻게 되었다.

하지만 기억에 남는 것이 거의 없자 불안한 마음이 생겼다. 어떻게 해야 할지 고민했다. 그 다음부터는 좀 더 자세한 내용까지 읽어가면서 공부했다. 특별히 신경 쓴 것이라면 아침에 일어나 식사하기 직전까지 짬을 내서 빠르게 훑는 습관이었다. 그리고 낮에 시간이 조금 날 때는 공부한 것을 머릿속으로 자꾸 떠올리려고 애썼다. 사실 공부는 머릿속에 들어간 정보를 끄집어내는 인출 훈련이 필요하다. 마치 시험을 앞두고 모의시험을 보듯이. 그래서였을까. 어느 순간부터 반복의 효과가 드디어 나타나기 시작했다. 텅 빈 머릿속에 뭔가 쌓이기 시작했다. 지금 돌이켜 생각해보면 학습 효과가 꽤 있는 방법이었다.

어느 날 교육청에서 시험공고가 나, 응시원서를 접수했다. 그런데 얼마 후 교육청에서 연락이 왔다.

"교육청에 응시표 한 번 가지고 나오세요. 수험번호가 잘못되었어요."

아무리 생각해 봐도 이해가 안 되었다.

아무튼 시간을 내서 교육청을 찾아 갔더니, 응시표를 받아든 나이 지긋하신 남자분이 내 응시번호 위에 두 줄을 긋고 다음과 같이 크게 쓰고 있었다. '4444'.

나는 바뀐 응시번호를 보며 마음속으로 생각했다.

'(나보고) 떨어지라는 말인가.', '죽어도 합격하라는 뜻인가.'

씁쓸한 마음을 가다듬고 교육청을 나오며, 열심히 공부해서 꼭 합격하겠다고 다짐했다.

시험은 청량리에 있는 한 중학교에서 치렀다. 그리고 합격자 발표 날이 되었다. 버스를 타고 시험 봤던 학교를 찾아갔다. 교문 안으로 들어서니 운동장 건너 학교 본관 출입구 앞에 합격자 명단이 붙어 있는지 수험생들이 모여 웅성거리고 있었다. 떨리는 가슴으로 위에서부터 천천히 4444를 찾아 훑어 내려갔다. 그때 눈에 들어온 내 수험번호. 뚜렷하게 명단에 포함되어 있었다. 가슴이 뭉클해졌다. 나는 몇 번이고 수험번호를 확인하고 또 확인했다. 교문을 나와 동대문을 향해 정처 없이 걸었다. 거리의 사람들이 그날따라

다정하게 느껴졌다. 늦은 밤까지 틈내서 어렵게 공부한 기억이 그렁그렁한 눈물로 변해 뺨으로 끊임없이 흘러내리고 있었다.

그때 나는 깨달았다. 무엇이든 하려고 마음먹으면 할 수 있다고. 어려운 환경을 탓하지 말자고. 그리고 최선을 다해 노력하면 해낼 수 있다는 것을.

## ✍ 우리가 놓치고 있는 것들

지난 해 나는 어릴 적 지냈던 서울의 한의원을 찾아가기로 마음먹었다. "공부를 해보렴."이라고 말씀하신 원장님을 뵙고 싶었다. 원장님은 빵을 무척 좋아하셨다. 서울을 출발하기 전, 인천에서 소문난 빵집을 찾아갔다. 나는 원장님이 드시면서 "이거 참 맛있네." 라고 감탄하고 오래도록 기억할 만한 최고 맛있는 빵들을 고르려고 애썼다. 전철을 타고 용산을 거쳐 왕십리역에서 내렸다. 가끔 고향에 편지를 부치러 갔던 낯익은 성동우체국이 눈에 띄었다. 수십 년 전에 봤던 그 모습 그대로, 무척이나 반가웠다. 드디어 한의원에 도착해 계단을 따라 이층으로 올라갔다. 나는 어린아이가 퇴근 후 집에 돌아온 엄마를 봤을 때와 같은 반갑고 기쁜 마음으로 원장실로 들어갔다.

"반가워! 어서 와!"

원장님은 환하게 웃으며 반갑게 나를 맞이했다. 우리는 차를 마시며 그동안 나누지 못한 이야기를 다정하게 나눴다.

"우리 집에 있을 때, 고생 많았지. 자네가 살던 방은 난방이 잘 되지 않아 겨울에 무척 추웠지."

"그래도 꿋꿋하게 살아왔네. 그것은 자네가 꿈을 갖고 있었기 때문이네. 그렇지 않았으면 모든 것을 포기하고 살아가고 있을지도 몰라."

이때 나는 원장님께 오래전부터 꼭 전하고 싶은 말을 꺼냈다.

"여기서 근무할 때, 원장님의 한마디 말씀이 제 인생을 바꿨어요."

"고마웠어요. 원장님! 저는 그때 세상 보는 눈을 키웠던 것 같아요. 꿈도 있었구요. 비록 의사가 되는 꿈은 이룰 수 없었지만요."

라고 대답하며 환하게 웃었다.

나는 이제 일어설 시간이라고 생각했다. 순간 당시 서울에서 살았던 추억들이 마치 영화를 보는 것처럼 머릿속에 생생하게 떠오르고 있었다.


만나고 떠나고, 그리고 그 시절을 그리워하고…….

힘들어 울고 싶었고…….

서러움을 가슴 속에서 삭혀야 했던 시간들.

하지만 세상을 더 넓게 바라보고.

순간순간을 값지게 보내려는 마음으로 살면 더 나은 세상이 다가온다는 것을.

우리는 살아가면서 우연히 만난 사람으로부터 소중한 이야기를 들을 때가 있다. 마치 신의 말씀 같은 잊지 못할 한마디를. 나에게는 원장님 한마디 말씀이 내 미래의 길을 바꾼 셈이다. 한의원에서 나와 오랜만에 거리를 한참 동안 걸었다. 서울의 봄은 가로수 잎에서부터 서서히 오고 있었다.

**시골박사의 한마디!**

인생을 바꾸는 아침 시간의 힘

- 우리는 보다 나은 삶을 살기 위해 목표를 세우고 열심히 노력한다. 그러나 잘 되지 않을 때가 많다. 이를 위한 중요한 메시지가 있다. 세계적인 동기 부여 전문가인 할 엘로드(Hal Elrod)는 그가 쓴 《미라클모닝 Miracle Morning》에서 그 해결 방법을 제시하고 있다. 그는 매일 아침 시간을 어떻게 보내느냐가 중요하다고 강조하고 있다. 아침 시간을 집중력 있고 생산적인 날로 변화시켜 나가라는 것이다.[3]

- 아침 시간은 하루 가운데 가장 소중하다. 아침 1시간과 저녁 1시간은 가치가 다르다. 나는 아침에 가장 중요한 일을 한다. 출근하기 전에 글쓰기를 한다. 글은 피곤하면 잘 써지지 않는다. 공부도 마찬가지다. 두뇌를 많이 사용하는 공부는 아침 시간을 최대한 활용하는 것이 바람직하다. 공부하는 속도가 빨라 생산적이고 효율성이 높기 때문이다.

---

3) 할 엘로드, 《미라클모닝 Miracle Morning》, 김현수 옮김, 한빛비즈, 2016, p.24.

# 03 전문가 시대

무엇을 하든 첫 번째 가져야 할 것은
뇌라는 도구를 사용하려는 마음이다.
마음은 뇌의 능력만큼 발현한다.
– 게이 게어 루스 Gay Gaer Luce & 줄이어스 시갈 Julius segal

## ✍ 미래에 필요한 것들

—

오늘따라 하늘이 유난히 푸르다. 나는 인천의 한 초등학교 앞 벚꽃 길을 걷고 있었다. 수업을 마친 수십 명의 어린이들이 우르르 정문 밖으로 나온다. 문득 이런 생각이 머릿속에 떠올랐다. '현재 초등학교를 다니는 어린이 65%가 지구상에 존재하지 않는 일을 하게 될 것이다.' 이것은 2016년 세계경제포럼(WEF) 〈직업의 미래〉 보고서에서 나온 이야기이다. 지구상에 없는 직업이라……

나는 두려워졌다. 저 어린이들의 절반 이상이 청년이 되었을 때 현재 존재하지 않는 새로운 직업을 갖는다니……. 그렇다면 앞으로 아이들은 이런 상황에서 살아남기 위해서 무엇을 준비해야 할까? 다음 사례를 보면 해답을 찾을 수 있다.

2018년 4월 어느 날 봄. 강연이 열리는 인천의 한 도서관에 사람들이 몰려들었다. 강연장 입구는 예약한 사람들이 줄을 서서 입장을 기다렸다. 마치 인기 톱 가수의 공연장 앞 같은 느낌마저 들었다. 입장이 시작되었다. 서너 명의 안내원이 강연 책자를 들고 입장하는 사람들에게 나눠주고 있었다. 커다란 강연장이 순식간에 수백 명의 참석자들로 가득찼다. 나는 강연장 맨 앞자리에 앉았다. 강연 주제는 '우리는 미래를 위해 무엇을 준비해야 하는가.'이다.

드디어 강연이 시작되었다. 첫 번째 강연자는 대구에서 온 A 교수였다. 교수는 다음과 같이 말했다.

"예전에 손가락으로 주판을 툭툭 튀기면서 계산하던 시대는 계산기에 밀려 났습니다. 그리고 우리 곁을 영원히 지킬 줄 알았던 계산기는 컴퓨터에 자신의 역할을 건네고 말았습니다.

평생 보장될 것 같은 일자리들이 언제 어떻게 새로운 기술 개발로 사라질지 모릅니다. 지금 사람이 운전하는 자동차도 머지않아 자율 주행 자동차로 대체될 것입니다. 그렇다면 우리가 살아남기 위해서는 어떻게 해야 할까요? 결론부터 말하면 미래 정보를 예측하여 이에 대한 대비를 해야 합니다."

강연을 듣던 참석자들은 교수의 진지한 이야기에 숙연해졌다. 그러다가도 A 교수가 간혹 던지는 유머에 환호성을 질렀다. 강연 시간은 빠르게 흘러갔다.

두 번째 서울에서 온 강연자 B교수가 등장했다. 그는 "인공지능(AI), 드론, 빅 데이터 등이 세계를 빠르게 변화시킬 것입니다."라고 말문을 텄다. 그러면서 지금까지 사람만이 할 수 있었던 비행기 조종은 AI가 할 것이고, 변호사 역할은 빅 데이터가, 택배 서비스는 드론이 대신할 것이라 강조했다. 그리고 '약사'라는 직업에 대해 예측해 보자며 이야기를 이어 나갔다.

"현재 약국에 종사하는 약사의 역할은 로봇이 대신할 수 있습니다. 그렇다면 약학대학은 어떻게 변화해야 할까요? 앞으로 약학대학은 신종 전염병이나 질병을 치료하는 신약 개발 쪽으로 인력을 양성하는 역할을 할 것입니다."

이런 말에 가슴이 섬뜩해졌다. 강연은 A 교수처럼 참석자들을 유머로 즐겁게 했다. 역시 B 교수도 이 분야의 전문가다웠고, 지식도 탁월했다. 강연 2시간이 전혀 따분하지 않았으며, 오히려 더 듣고 싶었다. 이렇게 딱딱한 주제로 이야기하는데도 어떻게 참석자들이 전혀 시간가는 줄을 모르게 할 수 있을까. 비결은 무엇일까……. 아마도 내가 알고 싶은 분야를 깊은 지식과 재미있는 유머 등으로 진행했기 때문일 것이다.

참석자들은 강연을 듣는 중간중간에 강연장이 떠나갈 정도로 큰 박수를 쳤다. 강연이 끝난 후. 나는 참석한 사람들의 이야기를 들었다. "강연 재미있다!", "이 분야 최고의 전문가답게 지식이 뛰어났어.", "강연 참 훌륭했어."

## ✒ 좋아하는 분야에 관심을 가져라

밖으로 터벅터벅 걸어 나왔다. 바람이 시원했다. 나무들이 우거진 숲길을 따라 한참을 걸으며 생각했다. 문득 평생을 인기 가수로 활동하고 있는 조용필이 어느 인터뷰에서 전한 이야기가 머릿속에 떠올랐다.

"무엇보다도 철저한 자기 관리가 필요해요. 저는 60대이지만 신세대가 좋아하는 인기 음악을 계속 들어요. 그리고 그 음악 안에서 무엇이 사람들에게 즐거움과 기쁨을 주는지를 파악해요."

그리고 그는 이런 말을 덧붙였다.

"저는 뭔가를 해야겠다고 결심하면 오직 그것만 생각하고 행동하는 성격인 것 같아요."

이처럼 오늘 강연을 한 교수들도 조용필과 비슷한 성격을 가져 전문가라는 말을 듣고 있다는 생각이 들었다. 이런 점이 특별한 사람으로 만드는 비결이다. 우리는 대부분 전문가 기질을 가지고 있지 않다. 하지만 현대 사회에서 꿈을 펼치기 위해서는 A 교수나 B 교수처럼 전문가다운 기질과 열정을 닮아가도록 노력해야 한다.

우리는 평소에 '시간이 없다.' 하면서 계획 없이 이것저것 하며 하루를 보낼 때가 많다. 하루, 일주일도 금방 지나간다는 것을 깨달으면서도. 하지만 전문가가 되기 위해 꼭 사회에서 인기 있는 것만 고집해서는 안 된다. 그 이유는 워낙 많은 사람들이 인기 분야에 관심을 갖고 있을 뿐 아니라 이미 능력 있는 많은 사람들이 그 분야에 열정을 쏟고 있기 때문이다. 이런 분야에서 최선을 다해 땀을 흘린다고 해도 최고의 전문가로 인정받기가 쉽지 않다. 그렇다면 어떻게 해야 할까? 답은 있다.

그것은 전략을 바꾸는 것이다. 사회에서 인정받는 것보다는 많은 사람들이 관심을 갖지 않는 분야에 노력을 기울이는 것이다. 이런 분야에 관심을 갖고 찾다보면 '오호! 이런 것이 있네.' '이게 나에게 적성에도 맞을 것 같아.'라고 생각되는 것이 있을 것이다. 이 분야의 책이나 뉴스 등 관련된 정보를 좀 더 깊이 찾다 보면 비전이 어느 정도인지를 알 수 있다. 그리고 비전이 있고 미래 직업으로써 적성에도 적합하다고 판단되면 그 분야를 끊임없이 파고드는 것이다. 최선을 다하다 보면 누군가가 잘한다고, 많은 사람이 정말 전문가답다고 인정할 것이다.

 **시골박사의 한마디!**

'미래의 삶은 무엇이 결정하는가' 하버드 30계명 중에서

- 오늘을 어떻게 보내느냐에 따라 미래의 삶이 달라진다. 세계적 명문대인 하버드대에서는 '하버드 30계명'이라는 메시지가 학생들을 통해 전해지고 있는데 그것은 '최고를 추구하라. 그리고 오늘의 소중함을 알고 최선을 다해 노력하라.'이다.[4]
- 우리는 보통 공부할 때나 일할 때 최고로 잘 해야지, 최선을 다해야 등 최고를 마음속으로 새겨두고 하지 않는다. 이런 생각이 하버드를 다니는 학생들과의 차이를 가져온다고 생각된다. 오늘부터 공부할 때 '오늘을 어떻게 보내느냐가 나의 미래를 결정한다.', '최선을 다해 공부해보자.', '최고로 잘해보자.' 등을 마음속에 새기며 하루를 보내보라. 아마 예전보다 공부 성적이 훨씬 높게 나오리라 확신한다.

---

4) 강인선, 《하버드 스타일》, 웅진지식하우스, 2014, p. 117

내 인생을 바꾸는 공부법

# 04 독서 시간 늘리는 법

인간의 가장 놀라운 특성 중 하나는
마이너스를 플러스로 바꾸는 힘이다.
– 앨프레드 아들러 Alfred Adler

## 🖋 독서하는 거실 꾸미기

　평소 나는 '보다 나은 삶'에 대해 많은 고민을 하며 이에 대한 답을 얻기 위해 자주 서점에 갔다. 책을 사 온 날은 열심히 읽는다. 그러다가 지루해지면 '틈나는 대로 읽어야지.' 하며 책상 위에 놓아둔다. 그때부터 그 책은 더 이상 읽지 않고 몇 달이 지나가는 경우가 허다했다. 굳이 핑계를 댄다면 하루하루가 바빴기 때문이다. 이런 습관은 계속되었다.

그러던 어느 날 수년 동안 만나지 못한 친구를 우연한 기회에 만났다. 우리는 그동안 어떻게 지냈는지를 이야기했다. 그때 나는 친구와의 대화 속에 담긴 폭넓고 깊이 있는 지식에 깜짝 놀랐고, 동시에 깨달았다. '내 지식은 직장의 업무적인 것 외에는 얼마나 깊이가 얕은가.', '오직 머릿속에 든 것은 TV에서 얻은 얄팍한 상식뿐이라는 것'을. 친구와 헤어지고 난 뒤 '이렇게 살아서는 안 되겠다.'는 마음이 강하게 들었다. '독서가 필요해!'라는 생각이 반복해서 머릿속을 채웠다.

친구를 만난 이후, 독서할 수 있는 방법을 찾기 시작했다. 그 하나가 주방에 있는 식탁을 거실 한가운데로 옮기는 일이었다. 밥을 먹을 때는 식탁으로 사용하고, 그 외에는 책을 읽고 식구들이 토론할 때 쓰는 등 이 식탁을 다용도로 활용했다.

이렇게 식탁을 거실에 놓으니 독서할 때 매우 유익했다. 소파보다는 여기에 앉아 독서하는 시간이 많아지기 시작했다. '진즉 이렇게 사용할 걸, 왜 몰랐을까' 하는 아쉬움이 컸다. 이 방법은 생활 공간을 최대한 활용하는 데 더욱 좋은 방법이다. 특히 학교에 다니는 자녀를 둔 부모라면 거실에 놓인 식탁은 생각보다 큰 역할을 할 수 있어 적극 권하고 싶다. 처음에는 거실 한가운데 자리를 잡고 있어 어색하게 보일 수도 있지만 금방 적응하고 익숙해진다. 거실

내 인생을 바꾸는 공부법

한가운데 놓은 식탁은 자연스럽게 식구와 대화 시간을 늘려주고, 책이나 신문을 읽고 토론하는 데 최고의 방법이라 할 수 있다.

## ✑ 꿈을 이루는 독서

하지만 나는 평일에 책을 꾸준히 읽는 것이 어려웠다. 직장에서 하루 종일 근무하다 집에 늦게 돌아오면 피곤해서 책을 읽을 수가 없었다. 강하게 마음먹고 책을 펴도 머리에 들어오지 않았다. 그래서 아침에 일어나 식사 전 30분간 독서하기로 마음먹었다. 처음에는 힘들었지만 그래도 계속했다. 3주쯤 지나서야 머리가 맑아지는 것을 느꼈고, 책 내용도 서서히 잘 들어오기 시작했다. 그리고 휴일 오전은 독서 시간으로 정해 집중해서 읽으려고 애썼다. 이런 독서 습관은 2005년부터 시작했으니 10년이 넘는 셈이다.

매주 금요일에는 점심시간을 이용하여 가까이 있는 도서관에 갔다. 내가 읽고 싶은 책과 초등학교 다니는 두 딸이 읽을 만한 책을 빌렸다. 퇴근 후 책을 거실 한가운데에 있는 식탁에 올려놓고, 식구들과 나란히 앉아 독서를 했다. 이렇게 읽고 있으면 분위기가 조용해서 엄숙하게 느껴질 때도 있었다. 그럴 땐 흐뭇함과 행복감까지 들었다.

하지만 5년쯤 지나서부터는 독서량은 느는데 머릿속에 남은 게 많지 않다는 것을 의식하기 시작했다. 오직 읽기만 했기 때문이다. 그때부터 이것을 보완할 방법이 무엇일까를 생각했다. 그래서 노트 정리를 하기로 했다. 문구점에서 가장 마음에 드는 노트를 선택했다. 오랫동안 두고 보관하면서 필요할 때 꺼내 읽어 보기 위해서였다. 노트 크기는 휴대하기 좋게 A4용지보다는 조금 작은 것으로 구입했다. 노트에는 책을 읽으면서 중요하다고 생각되는 것, 기억하고 싶은 것을 적었다. 이렇게 메모해 온 노트가 90권이 되었다. 이제는 외출할 때 가방에 넣고 다니는 필수품이 되었다. 10년이 지난 지금도.

## 📝 유익한 독서 방법

독서는 어떻게 하는 것이 좋을까? 지금부터는 내가 책을 읽고 기록하는 방법을 소개하겠다. 우선 내가 필요한 정보를 발췌하는 방법이다. 책을 읽어나가면서 지금 필요하거나 나중에도 읽어볼 만한 내용이 나오면 노트나 책 옆에다 메모를 하는 것이다. 그리고 그 아래에 내 생각을 써 넣었다. 나는 이 습관이 매우 유익하다는 것을 알았다. 그것은 독서할 때 깊이 읽으려고 자연스럽게 노력하기 때문이다. 그리고 이 메모 습관은 책 내용을 훨씬 잘 떠오르게 만들었다. 특히 멋지게 표현한 문장은 산속에서 맛있는 과일을 찾아 낸 것처럼 나를 즐겁게 했다. 이런 문장은 메모해 반복해서 읽으면 읽을수록 나의 글을 부드럽고 수준 높게 만드는 토대가 되었다. 다음 단계에서는 메모 내용을 머릿속에 떠올릴 수 있어야 한다. 하지만 처음에는 잘 떠오르지 않으나 자꾸 연습하다 보면 나아진다. 수시로 반복해서 읽고 쓰는 습관은 지식을 쌓고 글쓰기 실력을 키우는 데 안성맞춤이다.

## ✍ 독서의 힘

책의 핵심 내용을 독서 노트에 발췌하고 생각하는 방법은 독서의 효율성을 높인다. 아울러 이런 방법으로 독서를 하는 사람은 시간이 흐를수록 나만의 경쟁력을 키우는 것이 된다. 책은 저자의 지식과 생각을 독자에게 전해 그만큼 성숙하게 만들고, 인생을 변화시킬 수 있는 유익한 방법이다. 또한 책을 통해 독자는 풍부한 간접 경험을 할 수 있고, 이를 기반으로 꿈과 미래를 이끌어 나갈 수 있다.

독서는 사회를 살아가는 데 필요한 능력을 키워 자신 앞에 놓인 문제를 해결하는 데 지혜를 준다. 학교에서는 성적의 기본이 되고, 직장에서는 능력 있는 사람으로 만들어준다. 책을 많이 읽으면 누구와도 대화할 수 있는 자신감이 생긴다. 여기서 더욱 유익한 점은 세상의 흐름과 감각을 익혀 미래를 내다보는 안목도 기를 수 있다는 것이다. 요즘처럼 급변하는 세상에서 살아가는 데 커다란 힘을 길러 주는 것이 바로 독서의 매력이다.

 **시골박사의 한마디!**

떠오르는 반복 학습법

- 2016학년도 수능 만점으로 서울대 의예과에 합격한 A군의 공부 방법은 반복 학습이었다. 그는 공부한 책의 어떤 부분도 머릿속에서 자연스럽게 떠오를 수 있도록 했다. 그리고 이렇게 공부한 내용을 시험보기 전에 전부 훑어보고 시험을 봤다.[5]

- 어설프게 정리된 공부는 시험장에서 헷갈릴 수 있다. 문제를 잘 풀기 위해서는 공부 내용이 머릿속에서 자연스럽게 떠오를 정도로 반복해야 한다. 이것은 그동안 입력한 정보를 출력하는 연습을 하는 것이다. 그래서 시험을 앞두고 모의고사를 푸는 것이다. 여기서 꼭 기억해야 할 사항은 시험일 직전에 최종적으로 공부한 내용을 빠르게 1회독 정리하는 것이다. 이 방법은 성적을 끌어올리는 매우 탁월한 비결이다.

---

5) 김도윤, 《1등은 당신처럼 공부하지 않았다》, 쌤앤파커스, 2019, p.184.

　　　　　　　　　　　　　　　내 인생을 바꾸는 공부법

# 05
## 무엇을 선택하고
## 집중할 것인가

우리는 한 가지 목표를 세우고
그것이 다른 모든 것에 우선하도록 할 때에만 성공할 수 있다.
- 드와이트 아이젠하워 Dwight D. Eisenhower

어느 해 여름. 나는 한 빌딩 어두운 공간에 있는 수십 개의 불상을 봤다. 불상들은 모두 우뚝 서서 조용히 음악을 감상하고 있었다. 그런데 이상한 일이 벌어졌다. 한참동안 서있던 불상들이 서서히 몸을 뒤틀고 있는 게 아닌가. 순간 무서움에 온몸이 오들오들 떨렸다. 자세히 보니 불상이 아닌 사람들이었다. 그들은 복식 호흡을 가장 중요시하는 국선도라는 운동을 하고 있었다. 헐렁한 바지를 입고 허리에는 검정, 빨강, 노랑, 가지각색의 띠를 매고 운동을 한다.

나는 띠에 이끌려 다음날부터 국선도를 몇 년간 다녔다. 아침 일찍 근무하기 전에 몸을 푸는 이 운동이 내게는 잘 맞았다. 다닌 지서너 달이 지난 어느 날 아침, 70대 후반쯤 되는 어르신 한 분이 국선도를 배우려 나오셨다. 키가 훤칠하고 잘 생긴 분이셨다. 젊었을 때 한가락 했을 분이라는 게 뚜렷이 느껴졌다. 얼굴이 익자 나는 평소 마음속 고민을 그분께 물었다.

"저는 인생에서 두 가지 큰 노선을 가지고 있습니다. 이 가운데 어느 것을 선택하는 것이 후회 없는 삶인지……."

그분은 한참을 생각하시더니 갑자기 한마디 던지며 운동실 밖으로 나가셨다.

"관심 있는 하나만 선택하고 다른 한 가지는 미련 없이 포기해!"

처음 이 대답을 들었을 때 못내 섭섭했다. 하지만 10년이 지난 요즈음 그분 말씀이 진리처럼 마음에 깊이 와 닿는다. 우리는 하고 싶은 게 참으로 많다. 하지만 모든 것을 다 할 수는 없다.

이 사회의 많은 사람들을 머릿속으로 떠올려 보라. 전문가 혹은 사업가들은 한 가지만을 파고 또 파서 결국 성공의 길로 가지 않는가! 노벨상을 받은 사람들도 평생 동안 한 가지만을 위해 매달리고 즐겼다. 오직 성공은 한 가지, 목표만을 위해서였다. 이렇게 한 가지만을 선택하면 흔들림 없는 변화가 시작된다.

텍사스 오스틴의 한 칸짜리 사무실에서 출발하여 현재 미국에서 가장 큰 투자개발회사를 운영하고 있는 개리 켈러(Gary Keller)는 그의 저서 《The One Thing》에서 다음과 같이 말했다.

"바쁘게 움직이는 것이 중요한 게 아니라, 가장 생산적이고 중요한 일을 중심으로 움직여야 원하는 성공의 문을 열 수 있다."

우리는 평소 해야 할 일들이 산더미처럼 쌓여 있다. 그런데 어떻게 이 많은 일들을 뿌리치고 한 가지에 집중할 수 있을까?

효과적인 방법은 여러 가지 목표 가운데 가장 소중하다고 판단되는 일을 남기고 나머지는 과감하게 포기하는 것이다. 그런 다음 그 한 가지만을 위해 필사적으로 매달린다. 큰 목표는 대부분 긴 시간의 필요성과 연속성을 띠는 경우가 많으며, 이루는 데 많은 노력을 요구한다. 하지만 인내심을 가지고 자신이 선택한 일에 집중하면 할수록 자신감과 성취감을 느낄 수 있고, 지난 날보다 자신이 더욱 성장했다는 것을 깨닫게 될 것이다.

결국 자신을 사랑한다면, 필수적으로 새로운 가치를 창출하는 어떤 것 하나를 선택해야 한다. 그것이 가장 합리적 판단이다. 선택은 한 사람의 인생 모습이며 삶이다. 지금 우리는 선택과 집중이 미래의 주춧돌이 된다는 것을 기억할 때다.

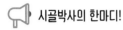 **시골박사의 한마디!**

스탠퍼드대 심리학 교수가 전하는 '평가목표' vs '학습목표'

- 초등학교 때 우수한 성적을 내며 공부를 잘 하다가 중학교 등 상급 학교로 진학하면서 점점 성적이 떨어지는 학생들이 많다. 여러 가지 원인이 있겠지만 스탠퍼드대 심리학과 캐롤 드웩(Carol Dweck) 교수는 '목표 설정의 차이'라고 말한다.

- 이처럼 공부에 대한 목표 설정은 '평가목표'에 두느냐, '학습목표'에 두느냐에 따라 차이가 있다는 것이다. 전자는 똑똑하게 보이려는 사람이고, 후자는 배우려는 사람이라는 것. 따라서 전자는 자신의 능력을 평가하는 것에 대한 걱정으로 도전을 꺼리지만, 후자는 새롭고 어려운 공부에도 흥미를 갖는다고 했다. 따라서 "공부는 하면 할수록 성적은 나아진다!"라는 자신감이 열정과 학습력을 끌어올린다[6]는 것이다.

- 그래서였을까. 내 조카도 서울의 한 초등학교에서 전교1등으로 졸업했는데 중학교에 들어가서부터는 공부하기를 싫어했다. 아마 평가목표에 비중을 더 둔 것 같다. 아이에게 학습목표를 이루도록 격려했다면 초등학교 때처럼 좋은 성적을 꾸준히 유지하지 않았을까 하는 아쉬움이 있다.

---

6) 문요한, 《스스로 살아가는 힘》, 더난출판, 2014, pp.172~174.

# 06 창의성은 어떻게 길러지는가

위대한 생각은 가슴에서 나온다.
- 러시아의 대문호 레프 톨스토이 Lev Nikolayevich Tolstoy

현대 시대는 창의성을 매우 중요하게 다루고 있다. 학교와 기업, 그리고 공공 기관에서도 창의성은 주요 관심사이다. 요즘 왜 창의성을 이토록 중요하게 생각할까? 그 이유는 이렇다. 우리가 살아가며 쌓은 지식은 우리 삶을 편리하게 만들어 왔다. 앞으로도 이런 기술력은 세상을 편리하게 만들어 갈 것이다. 이미 인간이 생각하지 못한 일, 영화 속에서나 볼 수 있고 상상으로나 할 수 있는 일들이 세상 곳곳에서 일어나고 있다. 예를 들어 인공지능(AI), 사람이 운전할 필요가 없는 자율 주행차, 무인으로 물품을 배달하는 드론 택배 등 기계가 사람의 일을 대신하는 시대가 열리고 있다. 이러한 시대를 맞이하게 만드는 것이 바로 창의성이다.

그렇다면 창의성을 키울 수 있는 방법은 무엇일까? 창의성을 높이는 방법에 대해 하버드대 심리학과 셸리 카슨(Shally Carson) 교수는 그의 저서 《우리는 어떻게 창의적이 되는가》에서 다음과 같이 제시한다. [7]

하나는 다양한 분야에 대한 학습이다. 다시 말해 일반 지식을 넓히는 것이라고 했다. 그는 이런 방법으로 두세 달마다 새로운 주제를 정하고, 이에 대한 지식을 쌓아가는 것이 좋은 방법이라고 말한다. 단, 기억해야 할 점은 이렇게 익힌 새로운 주제를 컴퓨터 파일에 저장해 수시로 학습하는 것을 잊지 않아야 한다고 강조한다. 나는 다양한 분야에 대한 학습 방법으로 매일 신문을 읽으라고 권하고 싶다. 신문에는 사회에서 벌어지고 있는 갖가지 사회 이슈가 많이 나와 꾸준히 읽다 보면 새로운 정보와 아이디어를 얻을 수 있기 때문이다.

또 미술관이나 영화관을 찾아가 관람하는 것도 좋은 방법이라고 했다. '현대 경영학의 아버지'로 불리는 피터 드러커는 해마다 새

---

7) 셸리 카슨, 《우리는 어떻게 창의적이 되는가》, 이영아 옮김, RHK, 2012. pp.301~302.

로운 주제를 정해서 3개월 동안 그것을 집중적으로 공부했다. 경제, 경영, 법학, 예술 등에 관한 지식을 통합하는 것이었다. 이런 학습이 창의성을 키우는 좋은 사례라고 볼 수 있다.

다른 하나는 새로운 기술을 배우는 것이다. 그 이유는 새로운 기술을 익히면 우리 뇌가 활성화되는데, 이때 기존 지식과 새로운 기술이 만나 창의적인 아이디어가 쏟아진다는 것이다. 예를 들면 물리학자인 아인슈타인이 바이올린을 배우고, 레오나르도 다빈치가 발명가이자 화가였듯이 기타 연주나 요리를 배우는 것도 창의성을 높이는 방법이라고 했다. 아이들이라면 오감을 자극하는 찰흙놀이라든가, 종이접기 같은 놀이가 호기심을 불러일으키고 관찰력을 기르는 좋은 훈련이라 할 수 있다.

이런 창의성에 대해 현재 KAIST 바이오 및 뇌공학과 정재승 교수는 '내가 어떤 사람과 대화를 나누는가, 누구의 영향을 받는가, 누구의 책을 보는가, 어떤 경험을 쌓는가에 따라 길러지는 것'[8]이라고 했다.

종합해 보면, 창의성은 기존 지식과 새로운 정보를 융합하고 스스로 분석하여 적용할 때 발현되는 것이다.

---

8) 정재승, 《열두 발자국》, 어크로스, 2018, p.386.

따라서 다양한 주제에 흥미를 가지고 배움을 멈추지 않는 것이 무엇보다 중요하겠다.

 **시골박사의 한마디!**

창의적인 아이디어를 얻는 세 가지 방법

- 현재 KAIST에서 학생들을 가르치고 있는 바이오 및 뇌공학과 정재승 교수는 창의적인 아이디어를 얻는 세 가지 방법을 다음과 같이 전하고 있다. 하나는 <u>운동</u>이다. 운동은 새로운 뇌의 신경 세포를 만들어 낸다고 강조하며 아인슈타인도 자전거를 탈 때 창의적인 발상을 떠올렸다고 말한다. 이처럼 산책과 자전거타기 등의 운동이 아이디어를 얻는 데 도움이 된다. 또 하나는 <u>수면</u>을 강조하고 있다. 수면은 낮에 입력된 정보를 장기 기억하는 데 중요한 역할을 한다. 마지막으로는 <u>독서와 여행</u>이라고 했다. 직접 경험할 수 없는 세계를 책을 통해서 알게 되고, 여행을 통해 평상시 느끼지 못하고 볼 수 없는 것들을 깨닫게 된다는 것이다.[9]
- 지식은 지혜를 낳는다. 지식이 쌓이지 않으면 창의적인 아이디어 발상은 한계가 있다. 따라서 창의적인 사고를 위해서는 독서를 통한 지식 축적, 두뇌를 맑게 만들기 위한 유산소 운동, 그리고 충분한 수면 등이 필요하다.

9) 정재승, 《열두 발자국》, 어크로스, 2018, pp.218~220.

내 인생을 바꾸는 공부법

# 07 한 공시생의 공부 전략

재능이 없다고 말하는 사람들은
대부분 별로 시도해 본 일이 없는 사람들이다.
- 앤드류 매튜스 Andrew Matthews

## ✐ 공시생의 변화

—

"민수씨, 이렇게 점수가 안 나오면 어떻게 하시려고 그럽니까?"

서울 노량진의 어느 고시학원에서 상담실장이 모의고사 점수를 놓고 학원생과 하는 말이다. 실장은 민수씨가 2016년 3월부터 이 학원에 등록하여 지금까지 공무원시험 준비를 해 오고 있다는 것을 알고 있다. 그런데 올해가 3년째, 그는 민수씨의 2년간 성적을 비교하다 아직도 점수가 합격선 한참 밑이라 차마 하지 말아야 할 말을 꺼내고 말았다. 민수씨는 심각한 표정으로 한참 고개를 숙이고 있다가 대답한다.

"미치겠어요. 나름대로 열심히 공부하는데도……."

갑자기 상담실에 정적이 흐른다. 민수씨 머릿속에 부모님이 떠올랐는지 얼굴 표정이 침울해진다.

그의 아버지는 조그마한 슈퍼마켓을 운영하고 있다. 아버지는 매달 그를 위해 학원비와 생활비를 부쳐 주고 있다. 가끔 아버지는 이렇게 말했다.

"해가 갈수록 수입이 줄어들고 있어 고민이구나. 민수야, 올해는 합격해라."

어머니는 집에서 버스를 타고 30분 정도 걸리는 회사에 다닌다. 중소기업이지만 유명 기업체의 휴대폰 부품을 만들고 있어 앞으로 몇 년은 해직 걱정을 하지 않아도 된다고 했다. 다행이다. 민수씨가 묵고 있는 숙소는 월세가 40만원이다. 끼니는 돈을 아끼려고 인근 식당에서 정기 티켓을 구입해 먹는다. 매달 부담스러울 정도로 돈을 들여 공부를 하고 있는 것이다. 집안 사정을 보더라도 그는 하루빨리 시험에 합격하고 싶었다.

그의 나이 올해 스물아홉. 가끔 주말에 홍대 앞에 나가 친구들끼리 맥주 한 잔씩을 한다. 그때 친구들은 이런 이야기를 나눴다.

"우리가 적은 나이가 아닌가 봐, 결혼은 조금 멀었지만 직업은 가져야 할 것 같애."

또 어쩌다 친척을 만날 때면 '이제 독립할 나이구나!'라는 농담 섞인 말을 듣는다. 이런 이야기를 들을 때마다 민수씨는 '올해는 꼭 합격하자. 더 열심히 공부해야겠어.'라고 스스로 다짐한다. 하지만 마음먹은 만큼 성적이 오르지 않아 불안감이 점점 커진다.

학원도 고민은 많았다. 올해 6월에 실시되는 9급 공무원시험에 보다 많은 학생들이 합격할 수 있도록 시험 전략을 계획했다. 그 가운데 하나로 국내에서 공부법으로 잘 알려진 유명 저자를 초청하여 특강을 실시하기로 했다.

### ✍ 세계적인 '몰입의 대가', 칙센트미하이 교수의 '몰입'하는 공부법

강연은 학원생들의 자율에 맡겼지만 수백 명이 모여 들었다. 강사는 "공무원시험은 워낙 출제범위가 광범위하여 시험을 준비한지 1년 이내인 사람이 합격한다는 것은 하늘에서 별 따기 만큼이나 어렵다. 운도 따라야 하겠지만 무엇보다도 실력을 쌓는 것이 중요하다."라고 강조했다. 그러면서 "열심히 공부하는데도 실력이 좀

처럼 늘지 않는 것은 여러 가지 요인이 있지만 그 가운데서도 가장 큰 원인은 바로, 몰입하지 않고 공부하는 데 있다."라고 말했다. 이어서 세계적으로 유명한 《몰입, 미치도록 행복한 나를 만난다》의 저자인 시카고대 칙센트미하이 교수가 밝힌 책 내용을 토대로 설명하기 시작했다.

"학원생 여러분! 어떻게 하면 공부를 하면서 몰입할 수 있을까요?"라는 질문을 던지며 다음과 같은 미하이 교수의 몰입 내용을 칠판에 써 내려갔다.

〈성적을 끌어 올리는 방법〉[10]

1. 궁극적 목표를 세운 후 그에 맞는 실행 가능한 하위 목표들을 최대한 많이 설정한다.
2. 설정한 목표들의 달성 정도를 측정할 수 있는 방법을 찾는다.
3. 하고 있는 일에 집중하며 그 활동과 관련된 도전 목표들을 최대한으로 세분하여 구분 짓는다.
4. 주어진 기회를 십분 활동하기 위해 필요한 기술을 연마한다.
5. 해당 활동이 지루해지면 목표를 계속 높여간다.

---

10) 미하이 칙센트미하이, 《몰입, 미치도록 행복한 나를 만난다》, 최인수 옮김, 한울림, 2007, pp.184~185.

강사는 하루 계획과 공부 방법에 대해 설명하기 시작했다.

"계획을 세울 때 한 달 동안 해야 할 분량, 1주일 동안 할 범위, 하루 계획량, 하루에서도 오전에 할 분량, 오후에 할 분량을 정한 다음 그것을 실천할 수 있을 만큼 세분화합니다."

"그 다음 한 시간 공부를 하고 난 후에 그 목표를 어느 정도 달성했는지 점검합니다. 한 시간 동안 공부한 양은 금방 파악이 됩니다. 이런 식으로 하루 계획한 목표를 어느 정도 실천했는지를 피드백 해 나가는 것이 중요합니다."

"이런 계획과 실천 방법은 공부를 집중하도록 만들고 목표 성과를 높입니다. 또한 학습 요령 등을 스스로 터득하게 합니다. 이 방법을 계속하면 예전과는 비교도 안 될 만큼 공부량이 늘어나고 실력을 키울 수 있습니다."

민수씨는 오늘부터 당장 이 방법을 실천하기로 마음먹었다. 처음에는 계획을 짜는 게 시간이 아깝다는 생각이 들었다. 하지만 그게 아니었다. 무턱대고 공부하던 예전보다 훨씬 능률이 올랐고, 공부하는 시간이 즐거웠다. 그는 두 달을 잘 버텨냈다.

모의고사를 치렀다. 국어와 영어는 예전과 비슷한 성적이었다. 하지만 다른 과목들은 자신도 놀랄 만큼 성적이 뛰어 올랐다. 자신감이 생겨 온 몸에 힘이 샘솟는 느낌이 들었다. 밥을 먹을 때도 걸어갈 때도 공부한 내용이 떠올랐다. 공부가 즐거워지기 시작했다. 그는 시험이 다가와도 불안감보다는 자신감으로 넘쳐나기 시작했고, 마음은 더욱 강해졌다. 꿈에 그리던 합격 소식이 성큼성큼 다가오는 기분이 들었다. 드디어 6월이 왔다. 그토록 기다리던 시험날, 그는 고사장에서 수험번호를 확인하고 자리에 앉았다. 긴장감은 지난해보다 심해 가슴이 떨려왔다. 하지만 그동안 공부한 게 있어서 그런지 자신감은 예전과 달리 가득했다.

　드디어 시험감독이 들어오고, 시험지가 책상 앞에 놓였다. 시험 시작을 알리는 벨과 방송이 스피커를 통해 나왔다. 시험지 맨 앞장은 국어 과목이다. 그는 빠르게 문제를 읽어 내려갔다. 풀 수 있는 문제들이 눈에 많이 들어오면서 눈이 밝아지는 기분이 들었다. 영어 첫 문제도, 한국사 첫 문제도 자신있게 풀 수 있을 것 같았다. 마음이 들뜨기 시작했으나 차분하게 가라 앉히려고 애썼다. 문제를 풀어 갈수록 막힘이 없었고, 거의 정확하게 풀었다. 헷갈리는 문제도 과목당 두세 개는 나왔지만 불안감은 생기지 않았다. 중요한 답안지 마킹을 떨리는 마음으로 끝내자 잠시 후 시험 종료를 알리는 벨이 울렸다. 자리에서 일어나 수험장을 나오는 데 기분이 좋았다. 오늘은 웃으며 엄마에게 전화를 드리고 싶어진다.


　이 글은 서울 노량진학원에서 공무원시험 공부를 하는 수험생들

을 생각하며 쓴 글이다. 나는 가끔 공무원시험 감독위원으로 시험
장을 간다. 그때마다 그 동안 수험생들의 고생과 어려움이 마치 예
전에 나인 것처럼 느껴졌다.

 **시골박사의 한마디!**

좋은 습관을 들이는 방법

- 어떻게 하면 습관을 바꿀 수 있을까? 이를 위해 뉴욕타임스 기자 찰스 두히그(Charles Duhigg)는 그의 저서 《습관의 힘》에서 다음과 같이 밝히고 있다. '동일한 신호와 보상을 유지하면서 새로운 반복 행동을 더하라.' 여기에 더욱 중요한 것은 '습관은 바꿀 수 있다는 믿음'이라고 강조한다.[11]
- 우리는 평소 나쁜 습관이라고 생각하는 것을 고치지 못한 채 생활한다. 공부에 방해가 되는 TV시청, 스마트폰 등으로 많은 시간을 낭비한다. 나는 TV 드라마에 빠져 헤어나질 못할 때가 있었다. 이렇게 공부를 방해하는 장애물에서 빠져 나오는 방법은 장애물을 대신할 만한 다른 활동을 찾는 것이다. 예를 들면, TV 시청보다 더 유익하고 재미있는 활동을 찾아내 그것을 반복한다. 이런 사소한 변화는 서서히 좋은 습관이 몸에 밸 수 있도록 하고 무엇인가를 성취하는 계기가 된다.

---

11) 찰스 두히그, 《습관의 힘》, 강주헌 옮김, 갤리온, 2016, pp.141~142.

## 벚꽃의 비상(飛上)

깊은 밤 먹구름이 새벽 봄비 되어
유리창을 두드린다.
문득 어제 본 벚꽃이 떠오른다.
막 피어난 벚꽃이 걱정되어 벌떡 일어나
어둠 속 창밖을 내다본다.

출근길 마주친 벚꽃
밤새 잘 버티었다 환하게 웃는다.

바람이 세다.
버텨낸 꽃잎들이 하나 둘 하늘을 난다.

달리는 자동차에 내려앉고
걷고 있는 사람 머리 위에도 내려앉고
촉촉이 비에 젖은 땅에도
꽃 세상을 만든다.

자동차에 달라붙은 꽃잎들.
차가 출발하자 하늘을 향해 다시 난다.

내 인생을 바꾸는 공부법

세상 정말 아름답다고
이처럼 아름다운 세계는 처음 본다고
더 높이 더 멀리 날아간다.

출근길에 시내 모습을 보고 시를 지어 보았다. 활짝 핀 벚꽃이 바람에 하늘을 날았다. 마치 사람들이 열심히 뛰며 아름다운 세상을 만들고 있다는 느낌을 받았다. 우리가 살고 있는 세상을 아름답게 바라보면 더 아름답게 보일 것이다.

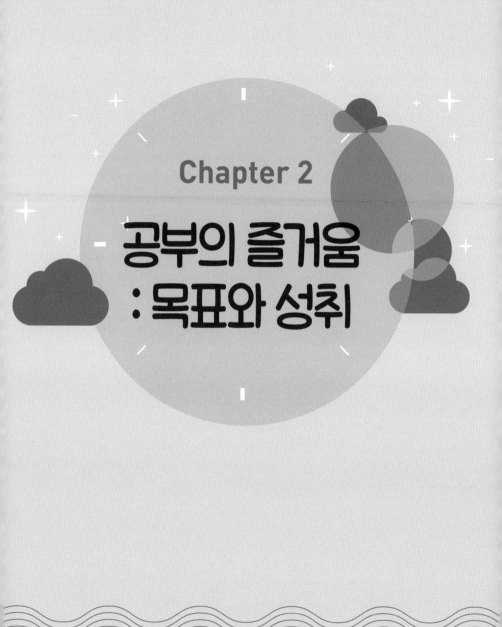

Chapter 2

# 공부의 즐거움
# : 목표와 성취

내 인생을 바꾸는 공부법

# 01 서울대에 합격한 GRIT형(型) 선배 이야기

당신이 할 수 있는 것은 무엇이든,
꿈꿀 수 있는 것은 무엇이든, 시작하라.
대범함은 그 안에 특별한 재능, 힘,
그리고 마법을 품고 있다. 당장 시작하라.
- 요한 볼프강 폰 괴테 Johann Wolfgang von Goethe

우리는 매년 새해가 되면 한 해를 어떻게 보낼지 목표를 세운다. 책을 어느 정도 읽겠다, 성적을 이 정도 올려야겠다 등. 하지만 안타깝게도 새해 목표는 잘 지켜지지 않는다. 그 이유는 끈기와 열정, 즉 그릿(GRIT)이 부족하기 때문이다. 그렇다면 어떻게 해야 원하는 목표를 이룰 수 있을까?

나는 정규 중학교를 졸업하지 않았다. 서울에서 직장 생활을 하다 친구들보다 2년 늦게 고등학교에 입학할 수 있었다.

가난으로 일찍 철이 든 나는 입학한 3월부터 학교 도서실을 이용했다. 수업이 끝나고 대부분 친구들이 집으로 돌아갈 때 도서실에 남아 밤늦게까지 공부했다. 3월 초순 추운 날씨 탓에 도서실은 무척 싸늘하고 텅 비어 있었다. 하기야 난방을 하지 않는 시절이었으니 당연했다. 그런데 도서실 같은 자리에서 날마다 공부하는 학생이 눈에 띄었다. 키가 작고, 얼굴과 몸이 말라 1학년인 줄 알았더니 1년 선배였다. 그는 언제나 밤늦게까지 자리를 지켰다.

선배는 전교 1등을 하고 있었다. 날이 갈수록 선배가 존경스럽고 대단하게 느껴졌다. 어느 날 선생님을 통해 선배의 가슴 아픈 사연을 들었다. 중학교를 졸업한 선배는 집이 가난해 고등학교 진학이 어려웠다. 이 소문을 들은 학교 측에서 학비 면제 혜택으로 입학을 도와주었다. 1학년 때는 고향 부모가 자취방을 얻어 도와줬지만 2학년 어느 때부터인가 가끔 점심을 먹지 않고 수업을 받고 있었다. 알고 보니 집에서 지원을 해줄 수 없게 된 것이다. 학교에서는 전체 교직원 회의를 열어 지원 방안을 논의했다. 한 수학 선생님이 자신의 집에서 같은 학년인 아들과 함께 생활하면서 공부하도록 했다. 그때부터 선배는 끼니와 숙소 걱정은 하지 않고 학교를 다니게 되었다.

지금 생각하면 선생님 댁에서 생활하는 것이 오죽 마음이 편했을까 싶은 생각이 든다. 어려운 환경에 처한 선배 입장에서 보면 공부 아니면 세상을 살아갈 그 어떠한 방안도 없었을 것이다. 그래서인지 오로지 공부밖에 모르는 것 같았다. 매일 차가운 도서실에서 밥도 제대로 먹지 못하고 공부하는 것을 봤다. 당시에는 체력장 시험도 대학입시에 들어갔는데, 100m 달리기를 할 때 제대로 뛸수 없을 정도로 공부에만 끈기와 노력으로 매달렸다. 선배가 체력을 위한 운동도 하면서 공부를 했다면 어땠을까? 성적이 더 잘 나오지 않았을까? 하기야 운동하면 배고파서 공부할 힘이 없었을지도 모르겠다. 아무튼 대학입시 모의고사를 볼 때마다 선생님들은 선배의 성적이 어떻게 나오나 항상 관심이 많았다. 선배는 학교 바람대로 서울대학교에 무난히 합격했다. 그릿(GRIT) 성격을 가진 선배였다.

그 당시 나는 선배가 공부하는 모습을 가까이에서 지켜보면서 느낀 점이 많았다. 비록 어려운 환경에서도 이루고 싶은 꿈과 목표가 있다면 끝까지 해내는 끈기와 노력을 가져보라고. 이처럼 '끈기와 노력'으로 성공을 거두는 것에 대해 펜실베니아대 심리학과 앤절라 더크워스(Angela Duckworth) 교수는 그녀가 쓴 《그릿 GRIT》을 통해 "성공한 사람들의 공통적인 특성은 대단히 회복력이 강하고 자신들이 나아갈 방향을 잘 알고 있었다. 그들이 가진 특별한 점은 열정과 결합된 끈기였다."고 강조하고 있다. [12) 그릿(GRIT)은 IQ, 재능, 환경 등 모든 것을 뛰어넘는 힘이라고 했다.

이처럼 끈기와 열정은 재능을 앞선다. 그러므로 우리와 같이 평범한 사람들이 큰 목표를 성취하기 위해서는 끈기와 열정이 절실히 필요하다.

 **시골박사의 한마디!**

그릿(GRIT)을 기르는 네 가지 방법

- 어떻게 하면 열정과 끈기의 힘이라 하는 그릿(GRIT)을 기를 수 있을까? 이에 대해 펜실베니아대 심리학과 앤절라 더크워스(Angela Duckworth) 교수는 그의 저서 《그릿 GRIT》에서 그릿을 기르는 데는 다음과 같은 네 가지 요소가 필요하다고 했다. 첫째는 깊은 관심을 가질 만큼 의미가 있어야 한다는 것. 둘째는 어제보다는 잘 할 수 있도록 반복 연습을 하는 것. 셋째는 지금 하고 있는 일이 자신과 타인에게 중요하다는 목적을 가질 것. 마지막으로는 힘들 때도 마음속에 희망이 유지되어야 한다는 것이다. [13)
- 일의 성과는 관심 정도에 따라 달라진다. 공부의 능률도 마찬가지다. 나는 성장형 마음 자세가 살아가는 데 꼭 필요하다고 권하고 싶다. '좀 더 잘 하겠다'는 자세는 자신의 잠재력을 키우는 원동력이 되기 때문이다.

12) 앤절라 더크워스, 《그릿 GRIT》, 김미정 옮김, 비즈니스북스, 2017, p.29.
13) 앤절라 더크워스, 《그릿 GRIT》, 김미정 옮김, 비즈니스북스, 2017, pp.127~131.

# 02 뛰어난 사람들도 모방하며 배운다

우리는 항상 위대한 아이디어들을
뻔뻔하게 훔쳤다.
– 스티브 잡스 Steve Jobs

　모방에 관한 이야기를 하나 해볼까 한다. 제2차 세계 대전에서 일본이 패하자 일본의 식민지였던 한국은 감격스런 해방을 맞이했다. 그러나 해방의 기쁨도 잠시, 다시 6.25 전쟁을 겪는 큰 아픔이 찾아온다. 한국은 이때가 경제적으로 매우 힘든 시절이었다. 하지만 기회는 언젠가 찾아온다. 한국 기업들은 해외 기업들의 기술을 모방한 물건을 만들어 시장에 내놓기 시작했다. 곧 한국의 수많은 제품들은 세계에서 인정받게 되었다.

　그렇다면 중국은 어떠한가? 사정은 우리와 비슷했다. 10년 전만

해도 중국은 세계적인 경제 대국이 아니었다. 중국 기업들은 한국과 일본, 그리고 선진국에서 스마트폰이나 TV, 냉장고 등 가전제품 기술을 모방했다. 곧 중국은 경제 대국으로 성장했다. 뿐만 아니라 IT 저장소 같은 미국 실리콘밸리도 수많은 신제품을 모방을 통해 개발하고 있다.

스마트폰을 개발한 스티브 잡스는 세계적인 화가 피카소의 말을 인용해 '유능한 예술가는 모방하고 위대한 예술가는 훔친다.'라고 했다. 이 말은 우리가 새롭다고 생각되는 신기술도 알고 보면 대부분 지금까지 익혀 온 기술을 융합하여 만들어진다는 뜻이다. 하지만 알아두어야 할 것이 있다. 모방만으로는 최고가 될 수 없다는 점이다.

그렇다면 무엇이 더 필요할까. 창조는 모방 과정을 필요로 한다. 특히 모방할 만한 가치가 높을수록 우수한 창조물이 만들어진다. 따라서 한 분야에서 뛰어난 사람이 되기 위해서는 처음에는 그들의 능력을 닮아가기 위해 애쓰며 그 분야 최고의 사람들이 가진 기술을 익혀야 한다. 모방을 통해 그 기술이 자신의 뼛속까지 스며들 정도로 최선을 다하면 어느새 뛰어난 수준까지 실력이 올라간다. 그 과정이 자신의 기술을 최고로 만드는 비결이다.


천재는 잠재의식 속에서 아이디어를 끌어내는 창조 과정을 자연스럽게 수행한다. 여기서 말하는 천재는 이탈리아 르네상스 시대를 대표하는 화가 미켈란젤로나 레오나르도 다빈치 같이 타고난 사람들이다. 하지만 모방을 통해 천재가 된 화가가 있다. 바로 라파엘로다. 그는 뛰어난 화가들의 아이디어와 기법을 자신의 것으로 완전히 소화해 신도 감탄할 정도로 멋진 작품을 그려 낸 사람이다.

그렇다면 우리가 탁월한 능력을 가지려면 어떻게 해야 할까. 길이 있다. 자신이 나아가야 할 분야에서 세계적으로 유명한 사람들에 대한 책을 읽고, 그 사람의 습관, 기술, 아이디어 등을 익히기 위해 노력하는 것이다. 이 방법을 통해 생각보다 훨씬 빠르게 뛰어난 사람으로 성장할 수 있다.

초등학생 시절, 나는 그림 솜씨가 엉망이었다. 내 그림을 보는 아이들은 뭐가 뭔지 구별을 할 수 없다고 했다. 내 자신도 상상할 수 없는 작품을 그렸다. 미술 시간에 선생님이 그림을 그리라고 하면 어떻게 그려야 할지 쩔쩔매며 잘 그리는 옆 친구 그림을 관찰해 봐야 제대로 그릴 정도였다. 그렇게 친구 그림을 몇 차례 모방한 후에야 내 나름대로 그림을 그릴 수 있었다. 이처럼 나는 처음 그림을 그리기 시작해 어느 정도 수준까지 그림 실력을 끌어올리는 데 모방이 필요했다.

갓 태어난 아기는 부모의 행동을 옆에서 보며 배운다. 역시 모방의 한 가지다. 지난해 봄, 비가 그친 어느 4월 하순, 남자 직원이 아이를 안고 사무실에 찾아왔다. 그날이 아이 첫돌이라고 했다. 아기는 토끼귀가 달린 모자를 쓰고 아빠 품에 안겨 있었다. 직원들이 아이 앞으로 다가가 "아이가 아빠를 꼭 닮았네."라고 말했다. 몇몇 직원들이 손을 내밀어 아기에게 악수를 청하자 본능일까, 모방일까. 아이는 아빠의 얼굴을 올려다보며 조심스럽게 손을 내민다. 손을 내미는 이 행동 역시 모방의 한 가지라 볼 수 있다.

우리는 태어나면서부터 자의적이든 타의적이든 모방을 통해 그 무엇인가를 익히며 살아간다. GE 경영자 잭 웰치는 '배움을 통한 끊임없는 자기 변화의 중요성'을 강조했다. 그런데 여기서 주목할 게 있다. 모방에서도 어떠한 것을 익히느냐에 따라 효과 면에서 차이가 난다. 따라서 모방을 할 때는 그 분야에서 최고 전문가든 최고 상품이든 간에 최고를 모방하여 학습하라. 그것이 자신을 최고로 만든다.

## 📢 시골박사의 한마디!

목표는 구체화할수록 실천하기 쉽다

- 평소 어떻게 하면 목표를 잘 실천할 수 있을까. 이에 대해 할 어반(Hal Urban) 박사는 다음과 같이 해 보라고 추천한다. '목표를 세울 때 가장 먼저 해야 할 일은 펜으로 적는 것이다. 그리고 목표들을 자주 들여다보는 것이 실천하는 첫 과정이다. 이때 목표를 가능한 한 구체적으로 적어 놓는다. 그리고 옆에 반드시 언제까지 달성하겠다는 기한을 적어두라. 그 목표와 기한이 구체적일수록 그것에 대한 마음속 그림이 잘 그려질 수 있다.'라고 했다.[14]
- 위 방법은 큰 목표를 달성하는 가장 바람직한 전략이다. 작은 계획을 실천했을 때 얻는 성취감은 자신감을 높여줄 뿐만 아니라 하루를 즐겁게 만들 것이다.

---

14) 할 어반, 《인생의 목적》, 김문주 옮김, 더난출판, 2006, p.213.

# 03 과외 없이 세 아이를 명문대에 보낸 엄마

꿈꿀 수 있다면 이룰 수 있다.
한계는 바로 당신 자신 안에 있다.
– 브라이언 트레이시 Brian Tracy

대한민국 부모들의 최고 관심거리라면 단연 대학입시일 것이다. 매년 대학수학능력시험이 치러진다. 수험생을 둔 부모의 바람은 명문대 입학이다. 아직도 우리 현실은 대학 간판이 미래의 직업과 빈부 격차라는 양극화를 낳을 수 있기 때문이다. 그런데 여기 집안이 어려운 환경에서 과외 없이 세 아이를 모두 명문대에 보낸 엄마가 있다. 그녀는 충청도에서 지금 신랑을 만나 결혼을 했는데, 남편 집안은 매우 가난했다. 그녀는 집안을 일으키는 데는 아이 교육밖에 없다고 생각했다.

내 인생을 바꾸는 공부법

엄마의 교육 철학은 뚜렷했다. 특히 엄마의 교육 가운데 가장 큰 관심은 아이의 <u>운동</u>이었다. 20년 전 일이니 조금 앞선 가치관과 사고를 가진 셈이다. 아이들이 공부하지 않는 시간에는 밖에 나가 농구 등을 하며 마음껏 뛰어 놀게 했다. 어릴 때부터 마라톤 같이 긴 인생을 살 체력을 길러준 셈이다. 그 덕분인지 아이들 키가 또래보다 더 자랐다. 체력도 좋아 공부하는 데도 도움이 됐다.

두 번째 주목한 것은 <u>자립심</u>이었다. 평소 밥상머리에서 "모든 것은 네가 책임지는 거야!"라고 외치며 팔을 걷어붙였다. 어릴 때부터 스스로 어떤 일이든 해결해 나가는 힘을 길러 준 것이다. 집안이 가난함을 깨닫기 시작한 아이들은 스스로 생활하고 이겨내는 습관을 키웠다.

여기에다 세 번째 철학은 기억할 만하다. 그 당시 우리들은 잠을 줄여서라도 공부하는 시간을 늘려야 한다고 생각했다. 그런데 그녀는 우리 생각과 달랐다. 아이들을 어릴 때부터 <u>충분한 수면</u>을 취하며 생활하게 했다. 고등학생일 때도 이 규칙은 철저히 지켰다. 이처럼 운동과 자립심, 그리고 수면은 아이들의 몸을 튼튼하게 하고 성적을 끌어올리는 요소가 되었다.

결과는 기대 이상이었다. 첫째는 서울대 의대를 거뜬히 입학했고, 둘째는 연세대, 막내는 고려대에 입학하는 영예를 안았다.

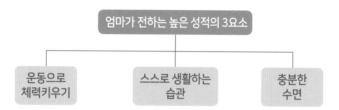

어느 추운 겨울 아침. 길 위에서 그녀의 모습을 우연히 봤다. 조간신문을 배달하고 있었다. 아직도 집안이 어려워 생활비를 벌기 위해 손에 신문을 들고 있었다. 그녀 앞에는 배달해야 할 신문들이 수레 속에 가득 담겨 있었다. 그녀 모습을 바라보면서 보통 엄마하고는 다른 면이 있다는 것을 다시 한 번 느꼈다.

이처럼 아이를 키우는 데는 엄마의 뚜렷한 교육 철학이 밑거름이 된다. 모든 부모는 아이가 건강하고 사회에서 능력 있는 사람으로 성장하기를 바란다. 이를 위해 엄마들은 아이가 태어나면서부터 어른이 될 때까지 배고픔을 이겨내며 지원을 아끼지 않는다. 아이 건강과 학교를 마칠 때까지 헌신적으로 매달리고 비용을 지불한다. 아이 일이라면 어떤 일보다 우선시하고 최선을 다한다.

하지만 요즈음처럼 맞벌이 부모가 많아지는 환경일수록 열정적으로 아이에게 신경 쓴다는 것은 쉽지 않다. 이렇다 보니 아이에 대한 기대는 시간이 흐를수록 서서히 무너져 내린다. 특히 예상보다 성적이 낮거나 아이가 바라는 방향으로 가지 않을 때이다. 나는 이렇게 아이들이 부모의 뜻을 벗어날 때도 포기하지 말라고 권하고 싶다. 어떤 부모들은 이렇게 말하곤 한다. '스스로 알아서 하는 거지. 뭐.' 이런 언어 속에는 부모 마음의 상처가 큰 경우이다. 이를 다독이며 다시 아이가 부모가 바라는 방향으로 꿋꿋하게 자라게 하려면 일정한 기간까지 참고 기다려야 한다.

> 부모들은 모두 자신의 자녀가 특별하다고 생각합니다.
> 나 역시 그랬습니다. 나는 이것이 잘못되었다고 생각하지 않습니다.
> 자녀를 특별히 아끼고 사랑하는 것은 부모의 권리이자 의무이니까요.
> 그러나 아끼고 사랑하기 때문에 놓치지 않아야 할 것이 있습니다.
> 바로 내 아이의 발달 능력에 대한 정확한 이해입니다.
> 아이들은 저마다 고유의 성장 눈금을 가지고 있습니다.
> 그것을 가장 먼저 알아보는 이가 바로 부모입니다.

위 글은 40여 년 동안 교직에 몸 담았던 이화여대 유아교육과 이기숙 교수가 쓴 《적기 교육》에 나온 내용이다.[15] 나는 아이들을 자라나는 나무에 비유하고 싶다. 나무는 센 바람에 나부끼고 휘어

---

15) 이기숙, 《적기 교육》, 글담출판사, 2016, p.23.

지기도 한다. 이런 나뭇가지를 지렛대를 받쳐주고 정성을 다해 물을 주면 나무는 바르게 성장한다. 우리 아이들도 마찬가지다. 앞서 말한 엄마처럼 마음껏 뛰어 노는, 충분히 잠자는, 그리고 스스로 이겨내는 습관을 아이에게 길러주는 교육 철학을 이웃 엄마들에게도 권하고 싶다.

 시골박사의 한마디!

운동은 어떻게 학습 능력을 향상시키는가?

• 운동은 공부에 큰 도움이 된다. 그렇다면 운동은 두뇌에 어떤 영향을 주는 것일까? 이에 대해 하버드대 의대 임상정신과 존 레이티(John J. Ratey) 교수와 에릭 헤이거먼(Eric Hagerman)은 저서 《운동화 신은 뇌》에서 우리가 공부를 하면 뇌세포 간의 연결이 이루어지는데, 이때 학습에 적합한 능력과 의지를 갖추게 해 주는 것이 바로 운동이라고 했다. 특히 유산소 운동은 뇌 기능을 최적화한다[16]고 강조하고 있다.

• 나는 2년 전부터 헬스클럽에 다닌다. 운동 후에는 기분이 상쾌해서 독서도 즐겁게 한다. 이처럼 규칙적인 운동이 자신감과 학습 능력을 향상시키는 데 도움이 된다.

---

16) 존 레이티·에릭 헤이거먼, 《운동화 신은 뇌》, 이상헌 옮김, 북섬, 2012, pp.21~22.

내 인생을 바꾸는 공부법

# 04 꿈은 바뀌어도 괜찮아

우리가 이뤄낸 수많은 발견 중에서 가장 위대한 것은
단지 습관을 바꾸는 것만으로도
스스로의 인생이 확 바뀔 수 있다는 사실이다.
- 미국 심리학자 윌리엄 제임스 William James

끝없이 펼쳐진 수평선 바다. 바다 한 가운데 섬. 나는 목포로 떠나는 배를 타기 위해 집에서 나와 해변을 향해 한참을 걸었다. 해변은 계란만한 크기의 돌로 이루어져 있었다. 바다는 출렁거리고 있었고 배는 나를 기다리고 있었다. 그때 나는 초등학교 2학년. 태어나서 오직 섬에서만 살아왔다. 끝없이 펼쳐진 바다만 봤고, 온통 초록색으로 물든 산을 보며 자랐다. 사람들은 손에 가방을 들고 12시간이나 통통거리며 가는 배에 타고 있었다. 나는 아빠 손을 잡고 배에 올랐다. 내가 탄 배는 나룻배 열 척을 합친 정도의 크기였다. 드디어 배가 바다 속에 내린 닻을 끌어 올리고 서서히 선두를 돌려 바다를 향해 출항했다.

뜨거운 태양, 8월 햇살은 선체 위에 뜨겁게 내려 쬐고 있었다. 가끔 하늘 위를 나는 서너 마리 갈매기가 배의 친구가 되어 끼룩끼룩 소리를 지르며 따라 오고 있었다. 배는 쉬지 않고 달렸다. 어둠이 서서히 바다 위로 내려앉기 시작했다. 이제 조금만 더 시간이 흐르면 배는 아무것도 보이지 않는 망망대해를 홀로 항해하고 있을 것이다.

선장님은 하늘을 쳐다보며 말했다. "날씨는 좋은데 파도는 조금 거칠어질 것 같아!" 어둠이 깊어 갈수록 파도는 힘이 나는지 사나워졌다. 그러자 배가 앞뒤로 심하게 뒤뚱거렸다. 칙칙한 냄새가 풍기는 선실 안에서 나는 희끄무레한 창문 밖을 쳐다봤다. 승객들은 파도에 배가 흔들리자 가지고 온 짐을 두 손으로 움켜쥐고 옹기종기 모여 조용히 눈을 감고 잠을 청하는 듯 했다. 바깥을 바라보니 파도가 금방이라도 내가 탄 배를 덮칠 것처럼 높이 출렁거렸다. 갑자기 무서워졌다. '여기서 배가 뒤집혀지기라도 한다면……', 생각만 해도 아찔했다. 선실 안에 쪼그리고 앉아 있는 몇 명의 어른들은 태연한 표정을 짓고 있었다.

이제 내 고향, 가거도는 어둠속에 묻혀 보이지 않았다. 저녁에 출발한 배는 서너 시간이 지나자 오직 내가 탄 배만 바다 위에 떠 있는 느낌이었다. 순간 나는 뱃멀미를 느꼈다. 머리가 빙글빙글 어지럽고 아파오기 시작했다. 밖으로 잠시 나와 사방을 훑어봤다. 아무것도 보이지 않았다. 다만 멀리서 검게 보이는 배들이 불빛으로 그들의 위치를 알려주는 듯 했다. 배는 계속해서 어딘가를 향해 나아가고 있었다. 나는 밤새 선실에서 뒤척이며 잠을 설쳤다.

새벽 하늘은 어둠을 몰아내고 있었다. 날이 밝아오기 시작했다. 바다는 거칠지 않고 잠잠했다. 육지 가까이 온 것이다. 배는 거무스레한 섬과 섬 사이로 물살을 가르며 지나갔다. 드디어 배가 목포항에 도착했다. 선실 안은 밤새 거친 파도에 짐과 가방들이 여기저기 어지럽게 흩어져 있었다. 사람들은 헝클어진 머리에도 아랑곳하지 않고 가방과 짐을 내렸다.

항구에는 생선 냄새가 물씬 풍겼다. 처음으로 섬이 아닌 육지를 밟았다. 내 시선은 처음 보는 높은 건물, 그리고 수많은 사람들이 바삐 움직이는 거리 모습을 향했다. 모든 것이 마냥 신기하게 보였다. 수많은 차들이 울리는 경적을 처음으로 들었다. 큰 차는 버스, 작은 차는 택시 아니면 승용차. 뜨거운 태양 아래 4차선 도로 가에는 짐수레가 서너 개씩 나란히 서 있었다.

그때 나는 깨달았다. 세상이 이처럼 다른 곳이 있구나. 책으로만 봤던 세상을 직접 눈으로 보는 순간이다. 나의 꿈은 그때까지 선장이었다. 큰 배를 볼 때마다 각이 빳빳하게 선 모자를 쓰고 멋지게 사람들을 향해 지시하는 선장. 그 꿈은 분명 나의 환경에서 만들어준 것. 조금 넓은 세상을 보니 섬보다는 차도 다니고 집도 예쁜, 이런 도시에서 살고 싶어졌다. 다음 날은 이를 치료하기 위해 치과를 찾았다. 그때 치과의사 선생님이 선장님보다 더 멋져 보였다. 그래 치과의사가 더 멋지다! 치과의사가 되면 좋겠다고 생각했다. 꿈이 바뀌는 순간이었다. 환경에 따라 꿈이 자꾸 변했다. 지금 돌이켜 생각하니 기회가 될 때마다 보고 느끼는 것이 미래에 대한 안목을 넓히는 계기를 갖는다.

목포에서 이틀째 되던 날 오후, 아빠는 다 헐어 떨어진 내 신발을 사 주고 싶으셨던지 신발 가게에 들렀다. 내 신발은 고무신이었는데, 바닥이 많이 닳아 있었다. 봄이나 여름철에 달리기를 하면 신발 안에 땀이 차서 신발과 발이 따로 놀아 미끄러워 자주 넘어졌다. 우리는 신발을 고르고 있었다. 주인은 우리를 서로 번갈아 보며 내가 어떤 신발을 고를 지 지켜봤다. 아빠는 고무신과 운동화를 내 앞에 놓고 물었다.

"어떤 신발을 신고 싶냐?"

나는 순간 생각했다. '고무신은 한 켤레 170원, 운동화는 250원이다. 고무신은 조금 더 오래 신을 수 있다. 운동화는 천으로 만들어져 고무신보다는 수명이 길지 않다. 물론 달리기하는 데는 이름대로 운동화가 최고다.' 그리고 마음속으로 어느 것을 사야 할지 결정한 후, 아빠를 쳐다보고 환하게 웃으며 대답했다.

"이거요!"라고 말하며, 고무신을 들어 보였다.

신발 가게에서 아빠 손을 꼭 잡고 나란히 밖으로 걸어 나왔다. 오늘따라 아빠 손이 따뜻했다. 그날 나는 하루 종일 아빠를 따라 이리저리 걸어 다녔다. 물론 버스를 탈 때도 있었지만 걸을 때가 많았다. 오후가 되자 배가 매우 고팠다. 시장 안을 걸을 때 훈훈하게 풍겨오는 팥죽 냄새가 무척이나 나를 유혹했다. 나는 아빠 손을 팥죽 가게 앞으로 끌어 당겼다. 아빠는 웃으며 팥죽을 사 주셨다. 보랏빛 팥죽, 맛있게 먹었던 그 팥죽이 지금도 눈앞에 선하다.

며칠 동안의 목포 여행을 마치고 고향으로 향하는 배를 탔다. 수많은 섬들을 바라보며 나는 생각했다. '이번 여행은 나의 시야를 넓히는 소중한 시간이었어!'라고. 그리고 '선장은 나의 진정한 꿈이 아니라는 것을 깨달았어!'라고.

어른이 되어 생각해 본다. '아무리 힘든 일이 있어도 의지와 실천하는 행동만 있다면, 자신의 삶을 변화시킬 수 있다.'는 것을.

**시골박사의 한마디!**

타고난 천재 vs 길러진 천재

- 우리는 학습을 통해 얼마든지 탁월한 능력을 발휘할 수 있다. 캐나다 심리학자 도널드 헵(Donald Hebb) 박사는 어떤 분야의 훈련을 하면 할수록 관련 분야의 뉴런들이 더욱 강력하게 연결되어 그 일이 쉬워진다는 사실을 알아냈다.[17]
- 따라서 이 연구는 천재는 타고나야 한다는 우리의 고정 관념을 깨뜨린다. 평범한 사람도 원하는 분야를 갈고 닦으면 최고가 될 수 있다. 그런데 여기서 주목할 게 있다. 훈련만 많이 한다고 탁월하게 되는 것은 아니다. 그렇다면 어떻게 해야 할 것인가? 답이 있다. 최고의 기술을 반복하는 것이다. 공부든 기술이든 운동이든.

---

17) 미치오 키쿠, 《마음의 미래》, 박병철 옮김, 김영사, 2015, p.215.

# 05 대학총장이 전하는 독서의 필요성

두 가지에서 영향 받지 않는다면
우리 인생은 5년이 지나도 지금과 똑같을 것이다.
그 두 가지란 우리가 만나는 사람과 읽는 책이다.
- 찰스 존스 Chales Jones

우리 앞에 성큼 다가온 게 있다. 바로 제4차 산업 혁명이다. 이것은 지금까지 우리가 전혀 상상할 수 없는 세상을 만들고 있다. 이런 시대에 경쟁력을 갖춘 유능한 인재가 되기 위해서는 어떻게 해야 하는가?

2018년 3월 하순 어느 날, 나는 인천 중구 한 음식점에서 서울 소재 대학교에 재직하셨던 총장님과 점심을 같이하는 행운을 가졌다. 교육에 관심이 많은 나는 매우 가슴 뛰는 자리였다. 총장님과 밥상을 마주하고 평소 궁금한 4차 산업 혁명 시대에 대비할 청년들의 자세 등 몇 가지를 질문했다.

"총장님! 지금까지 사람이 해 오던 일을 로봇과 인공지능(AI)이 대신하는 시대가 다가오고 있습니다. 이런 시대에 청년들은 어떻게 해야 유능한 인재로 성장할 수 있는지 묻고 싶습니다."

머리카락이 희끗희끗하신 총장님은 나의 질문이 평소 종종 받아 본 이야기인지 밝은 미소를 지으면서 다음과 같이 말씀하셨다.

"독서가 무엇보다 중요합니다. 제4차 산업 혁명 시대에 살아남기 위해서는 무엇보다도 창의성을 갖춘 사람이 되어야 하는데, 창의성을 키우려면 책을 많이 읽어야 합니다. 하지만 요즘 사람들은 책을 읽지 않습니다. 시간만 있으면 스마트폰에 얼굴 파묻고 있는 모습을 자주 봅니다. 졸업을 하고 취업을 걱정하는 대학생들도 마찬가지입니다."

이런 현실을 안타깝게 여기시는지 밝았던 표정이 약간 어두워지셨다. 이 모습을 본 나는 "저도 이 부분을 걱정하고 있습니다." 하고 총장님의 의견에 맞장구를 쳤다.

총장님은 계속해서 말씀을 이어 가셨다.

"인터넷을 통한 e-러닝 시대가 확산된다고 했을 때, 이것을 통해 독서를 많이 하는 시대가 열릴 것이라고 기대했습니다. 하지만 e-

러닝 방법이 종이책보다는 효과가 낮다는 것을 알게 되었습니다."

"역시 종이로 된 책을 읽는 게 내용을 훨씬 잘 기억하는 것 같습니다. 폰을 통해 읽은 내용은 머릿속에서 금방 사라지는 느낌이 들거든요."

총장님은 교육에 평생을 바친 분답게 청년들의 미래에 대해 걱정을 많이 하고 계셨다. 그러면서 다시 말씀을 이어 가셨다.

"요즘 청년들 생각이 예전 우리가 젊었을 때 생각과는 많이 달라요. 내가 대학을 다니던 시절에는 학교 다니면서 취업 걱정은 크게 하지 않을 때였지요. 그만큼 취업할 기회가 많았어요. 그래서 대학을 입학하고 나서 책보다는 친구들과 어울리며 공부해도 다들 잘 풀리던 시절이었죠."

"제가 대학입학시험을 봤던 시절에는 국어와 영어 지문은 대체로 짤막했습니다. 지문 아래 문제 유형을 기억해 보면, 밑줄 친 한자의 뜻은? 반대어는 무엇인가? 등 대부분 단편적인 지식을 물어보는 게 전부였습니다. 하지만 지금은 지문이 어떻습니까? 예전과 비교도 안 될 만큼 지문들이 길어지고 있습니다. 지문이 길어진다는 것은 암기 위주에서 이해 위주로 바뀌고 있다는 것을 뜻합니다. 어떤 내용을 읽고 그 속에서 전체의 흐름을 파악한다든지, 지문 속에 담겨 있는 의미를 찾아내는 문제 위주로 바뀌고 있습니다. 여기다가 여러 문장 속에서 서로를 융합하여 뭔가를 해결하는 문제도 눈에 띄게 많이 출제되고 있습니다. ”

그래서였을까. 대학수학능력시험에서 수석을 차지하는 학생들의 인터뷰를 언론에서 접해 보면 공통점을 쉽게 찾아낼 수 있다. 바로 어릴 때부터 책을 많이 읽어 왔다는 점이다. 그렇다면 왜 책을 많이 읽는 사람들이 공부를 잘 할 수 있는 것일까? 그 이유는 여기에 있다.

책 속에는 수많은 정보들이 담겨 있다. 한 가지 주제에서 여러 갈래로 뻗어 있는 수많은 지식과 정보가 들어 있다. 이것을 뇌의 원리로 풀어보면 1,000억 개가 넘는 뉴런 속에 수많은 정보가 새겨져 있는 것이다. 이렇게 다양하게 뻗은 정보는 융합으로 풀어낼 수 있는 상상력과 창의력을 발휘하는 지렛대 역할을 한다. 따라서 책을 많이 읽은 사람들은 색다르고 까다로운 문제 유형도 그 핵심을 파악하여 정답을 풀어낼 수 있다

나는 총장님 말씀을 오래도록 가슴속에 담아두고 싶었다. 그리고 주위 사람들에게 이런 말을 꼭 해주고 싶다. ‘세상이 하루가 다르게 변화하고 있어도 우리는 독서 곁을 떠나서는 안 된다.’라고.

**시골박사의 한마디!**

사고력을 키우는 독서의 힘

- 세계적인 부자 빌 게이츠는 어릴 적부터 독서를 좋아했다. 그는 "오늘의 자신을 있게 한 것은 도서관이었다."라고 했다. 그는 매일 책을 읽는다. 독서력이 생각하는 힘을 키웠다고 할 수 있다.
- 나의 경우 책을 선택할 때는 읽고 싶은 것을 골라 몇 페이지를 부담 없이 읽는다. 중요하거나 다시 읽고 싶은 부분은 책 모서리를 접어 나간다. 읽고 난 후에는 읽었던 내용을 떠올려 본다. 아니면 메모를 해본다. 이 습관은 학습 능력, 즉 사고력을 키워 준다.

# 06
## 책 고르는 법과
## 수준 높은 독서법

*성장의 토대는 자신이 노력,*
*시간, 에너지를 들여 계발할 가치가 있다는 믿음이다.*
*- 데니스 웨이틀리 Denis Waitley*

### 🖋 유익한 책 고르는 법
—

독서는 자신이 이루고 싶은 목표를 향해 나아가게 하는 최고의 수단이다. 그리고 그 과정에서 자신을 성숙하게 만들어 준다. 독서는 한 사람의 생각 틀을 크게 만들고, 넓혀주는 역할을 한다. 따라서 독서는 모든 활동의 기초가 되는 셈이다. 독서는 책을 읽는 데 그치는 것이 아니다. 본질적으로 나에게 필요한 정보뿐만 아니라 저자의 생각과 지혜를 얻어내는 역할을 하기 때문이다. 또한 독서

내 인생을 바꾸는 공부법

량이 많아질수록 삶이 지금보다 훨씬 나은 방향으로 변화하고 있다는 것을 느낄 수 있다.

하지만 무턱대고 독서가 삶의 질을 높이는 것은 아니다. 사회에서 경쟁력 있는 사람으로 평가받고 싶다면 책을 잘 선택해 읽어야 한다. 책은 가능한 검증된 책일수록 좋다. 나에게 무슨 책을 읽으면 좋겠냐고 묻는다면 '세계적으로 유명한 석학들이 내놓은 책'을 우선적으로 권하고 싶다. 설령 그 책들이 조금 까다롭게 써 있다 할지라도 수준 높은 정보와 독자에게 전하는 메시지가 강하기 때문이다. '1만 시간의 법칙'을 창시하여 전 세계적으로 명망이 높은 심리학자 안데르스 에릭슨(Anders Ericsson)은 그의 저서 《1만 시간의 재발견》에서 다음과 같이 밝히고 있다. [18]

성공을 위해서 할 수 있는 가장 중요한 것 가운데 하나는 좋은 교사를 찾아서 함께하는 것이다. 그렇다면 좋은 교사를 어떻게 찾을까? 교사를 찾는 과정에도 시행착오가 수반될 가능성이 있지만, 성공 확률을 높이는 방법이 있다. 우선 세계 최고 수준일 필요는 없지만 적어도 해당 분야에 숙달한 사람이어야 한다.

---

18) 안데르스 에릭슨 · 로버트 풀, 《1만 시간의 재발견》, 강혜정 옮김, 비즈니스북스, 2016, p.231.

이처럼 해당 분야의 전문가로부터 직접 기술을 익히는 것이 가장 이상적이지만 현실은 쉽지 않다. 따라서 책을 통해 능력을 키우려면 직접 가르치는 교사를 대신할 만한 훌륭한 사람이 쓴 책을 선택하여 읽는 것이다.

이런 책을 고를 때는, 우선 저자에 대한 소개란을 반드시 읽어야 한다. 소개란에는 저자의 경력이 소개되어 있어 책의 내용을 미리 예측할 수 있다. 다음에는 목차를 훑어본다. 목차는 매우 중요한 포인트로, 등산할 때 오르려는 산에 대한 지형을 파악하는 것과 같다. 이 책은 어떤 내용들로 채워졌는지를 알 수 있어 내가 읽을 만한 정보가 들어있는지를 쉽게 파악할 수 있다.

그런 다음, 가장 관심 있는 분야의 소재가 있는 부분을 펼쳐서 잠시 읽어본다. 읽으면서 내용이 풍부한지, 읽을 만한 가치가 있는지를 파악한다. 여기서 기억할 것은 책 제목은 그럴듯한데 차례를 읽어보면 엉성하고 가치가 뚝 떨어지는 책도 많이 있다는 점이다. 차례도 만족할 정도의 수준이면, 그 다음에는 표지에 나와 있는 책 소개 내용과 참고문헌 등을 읽어본다. 참고문헌에 관련 분야에서 널리 알려진 책들을 많이 수록하고 있다면, 이 책은 깊은 내용을 담고 있는 것이다.

마지막으로 어느 정도 출판되었는지를 확인한다. 출판 횟수가 많을수록 선택할 만한 책이기 때문이다. 물론 전문 서적은 여러 해 지났어도 출판 횟수가 적다는 점을 기억할 필요가 있다. 이런 방법은 다른 책에서보다 훨씬 더 폭넓고 깊은 지식을 많이 얻을 수 있다.

## 🖋 수준 높은 독서법

여기서 나만의 효과적인 독서법을 공개한다. 평소 나는 시간을 아깝게 생각해서인지 책을 읽을 때 이런 생각을 하며 읽는다. 이 책 또는 글에서 '나는 무엇을 얻었지?'라고 스스로 질문을 던져, '아하! 이 내용을 얻었구나.'라고 찾아낸다. 책뿐만 아니라 신문이나 잡지 같은 것도 이런 생각을 하면서 읽고, 잊어버리기 전에 바로 메모 노트에 기록한다. 그렇게 메모한 내용은 잠자기 전 침대에서 한번 가볍게 훑어보면 기억이 되살아난다. 이런 생활 습관은 매우 유익한 면이 많다. 무엇보다도 책을 읽으면서 재미가 붙는다. 게다가 집중하는 힘, 생각하는 힘이 나날이 강해지는 느낌이 든다. 그리고 책 내용이 금방 머릿속에서 빠져 나와 '내 머리는 나빠!'라고 하소연하는 마음이 사라진다. 반면 읽을수록 많은 지식이 쌓여 가고 있다는 흐뭇한 감정이 가슴에서 벅차오른다. 그리고 공부에 대한 자신감까지 생긴다.

예전에 나는 책을 첫 페이지부터 정독하는 습관이 있었다. 그러나 분량이 많은 책일 경우, 끝부분에 이르러서는 앞부분이 머릿속에 남지 않았다. 그래서 처음에 책을 대할 때는 우선 훑어본다. 도표를 본다든가, 주요 내용을 다룬 굵은 글을 본다던가 하는 식으로 책을 읽어 나간다. 마치 산을 오르는 사람이 산의 지형을 알고 나면 산 정상까지 올라가는 길을 예측할 수 있는 것처럼. 이런 방법은 두꺼운 책도 지루하지 않게 반복해서 읽을 수 있게 한다. 물론 복습 효과까지 있어 책 내용을 더 깊게 정복할 수 있다.

한편 기억을 잘 하려면 사전에 큰 틀을 알고 지식을 파악해 나가면 훨씬 효과가 크다. 다시 말해서 사전 지식이 많을수록 새로운 정보를 기억하기 쉽다. 그래서 학교나 학원에서 똑같은 내용의 수업을 받을 때, 공부를 잘 하는 학생이 수업 받는 내용을 빠르게 이해하고 더 오래 기억하는 것은, 바로 이런 이유 때문이다.

또한 읽을 때 이미지가 떠오르는 책이 좋다. 같은 분야의 책이라도 저자에 따라서 이미지가 떠오르도록 쓴 책이 있기 때문이다. 이런 책은 읽고 나면 마치 영화를 본 것처럼 오랫동안 기억된다.

마지막으로 가까운 사람에게 내용을 설명한다는 생각을 하면서 책을 읽는 것이다. 이 방법은 핵심 내용을 쉽게 파악할 수 있고 적극적으로 읽어진다는 장점이 있어 적극 추천하고 싶다.

## 📢 시골박사의 한마디!

메이지대 교수가 전하는 독서법

- 일본 메이지대 사이토 다카시 교수는 독서의 필요성을 다음과 같이 전한다. "책을 처음부터 끝까지 모두 읽어야 한다는 압박감을 버리세요. 어떤 책이든 일부분이라도 읽으면서 좋은 부분, 나와 통하는 부분들을 찾아보세요. 그러다 '이것이다'라는 부분이 있으면 그것이 공부의 시작입니다."라고 했다.[19]
- 독서는 뛰어난 사람들의 지혜를 통하여 나의 삶을 성장시킨다. 독서는 생각하는 힘을 길러준다. 특히 자신이 원하는 꿈을 실현해주는 최고의 도구이다.

---

19) 사이토 다카시, 《내가 공부하는 이유》, 오근영 옮김, 걷는나무, 2014, p.183.

# 07
## 무엇이든 철저한 준비가 기본이다

어디로 가고 있는지를 모른다면,
우리는 결국 전혀 다른 곳에 도착할 것이다.
- 로버트 W. 올슨 Robert w. Olsen

2018년 2월 어느 날, 우리 집 거실에 평소 밤에는 잘 오지 않던 전화벨이 울렸다. 수화기를 드니,

"아빠아~~. 흐흐흑. 어엉~."

딸의 목소리였다.

"왜 그래?"

나는 다급히 딸에게 물었다. 딸은 혼자 일본 여행을 하고 있었다. 여행을 떠나기 전에 딸은 걱정하는 내게 말했다.

"걱정 마, 아빠! 여행 잘 할 수 있어!"

내 인생을 바꾸는 공부법

그렇게 자신 있게 말한 딸에게 무슨 일이 일어난 것이다.

딸은 울먹이며, 말했다.

"호텔에서 10시까지 체크인하지 않으면 취소시킨데~."

"너무 귀찮게 굴어 환불시켜달라고 말했더니 환불은 절대 안 된다고!"

나는 당장이라도 달려가 위로해 주고 싶었다. 오사카에 친척이라도 있다면, 아는 사람이라도 있다면 도움을 청하고 싶었다.

나는 마음을 가다듬고 울고 있는 딸에게, "괜찮아!"라고 말하며 딸의 마음을 안정시키려 애썼다. 그러나 딸의 울음은 분노로 가득해서 내 말 한마디로 쉽게 가라앉지는 않는 듯싶었다.

벽에 걸린 시계를 쳐다보니 밤 9시가 넘었다. 오늘 간사이 공항에 내려 교토 여행을 하다 저녁때가 되자 예약한 호텔이 있는 오사카로 가고 있는 중인 것이다. 딸은 오사카 남바역으로 가는 지하철을 타고 있었다. 딸은 마음이 급한 상태였다. 집에서 떠날 때 가지고 간 20kg이 넘는 무거운 가방을 끌고, 등에는 묵직한 가방을 매고 있을 것이다.

드디어 호텔이 가까운 남바역에 내렸다. 그런데 어찌된 일인지 한국에서 출발하기 전 그토록 자세히 파악했던 도시 거리와 너무나도 다르게 보인 모양이다. 딸은 시간에 쫓기기 시작했다.

"아빠! 사람이 너무 많고 어두워서 어디로 가야할지 모르겠어."

순간 나는 딸의 말투에서 엄청 긴장한 상태라는 것을 알 수 있었다. 딸이 예약한 ○○○호텔을 가려면 2번 출구로 나가야 하는데 찾을 수 없다고 했다. 낮과 달리 도시는 어둠에 깊이 묻혀가고, 일본어를 모르는 딸은 온통 역 주변 거리가 낯설게 느껴진 것이다. 길 한가운데 서서 당황한 모습이 딸의 목소리에서 역력히 느껴졌다.

"일단 역에서 나와!"

딸은 사람들이 많이 이동하는 통로를 따라 나왔지만 사방은 건물 불빛으로 호텔로 가는 길을 전혀 찾을 수 없다고 했다. 큰 건물 이름을 말해달라고 했으나 어두워서 보이지 않는다고 했다. 호텔에서 독촉한 10시가 점점 가까워지고 있다. 이미 9시 40분이다. 시간이 아슬아슬하다. 택시를 타도 15분이 걸린다고 나왔다. '길 찾기 안내'를 확인해 보니, 오사카 난바역에서 정상적으로 걸어가면 30분이 걸린다. 하지만 딸은 지금 역에서 어디로 나왔는지도 모른 채 헤매고 있어 도착 예정 시간을 알 수 없다. 딸이 집에서 일본을 출발하기 전에 오사카 여행에 대한 정보를 충분히 파악하고 떠났다면 이렇게 당황하고 길을 헤매는 일은 벌어지지 않았을 것이다.

작은 딸과 나는 집에서 컴퓨터를 켜고 인터넷으로 지도를 보면서 전화로 호텔까지 찾아가는 길을 안내했다. 지도를 보며 휴대폰으로 찍어 보내기도 하고, 주위에 있는 편의점과 건물 이름을 전화로 알려주기도 했다. 그런데 일본어를 모르는 딸, 우리가 보내주는 안내 지도만 가지고 온갖 간판으로 뒤덮인 거리를 정상적으로 걸어 빠르게 호텔까지 찾아가기는 어렵다고 판단되었다.

"택시를 타렴!"

"택시는 무서워!"

"그래도 택시를 타."

"걸어서 갈 거야."

그렇게 몇 번 안내 지도를 휴대폰으로 보내 설명을 하는데도 난바역 주위에서 빙빙 돌고 있는 딸이 안쓰러웠다. '집에서 항상 똑똑하고 자신감 넘치던 딸이 낯선 곳에서 이렇게 제대로 길을 찾지 못하는 사람이라니.' 나는 딸의 행동을 이해할 수 없었다.

시간은 벌써 10시가 되어가고 있었다. 예약한 호텔에서 취소되어 숙박이 어렵다고 한다면 딸은 어떻게 되는 걸까. '어디에서 자야하나……' 시간이 흘러갈수록 더욱 걱정이 됐다. 아무튼 예약한 호텔에서 숙박할 수 있도록 하는 방법을 생각해 낼 필요가 있었다. 문득 평소 알고 지내는 A씨가 떠올랐다. 그는 일본에서 3년 동안 생활해서 일본어를 잘한다. 밤이 깊어 전화를 한다는 게 미안했지만 급히 연락을 했다.

"늦은 밤에 부탁드려 죄송합니다. 우리 애가 예약한 숙소에서 밤 10시가 넘으면 예약을 취소한다고 하는데, 조금만 기다려 달라고 전화 좀 해 줄 수 있을까요?"

조금 기다리니 그로부터 전화가 왔다.

"0시까지는 이야기가 되었으니 걱정 말고 천천히 가라고 하세요."

A씨가 정말 고마웠다. 한밤중에 내가 걱정하는 일을 아는 사람을 통해 해결할 수 있었다는 것이 얼마나 다행인지 모른다.

이제 밤 11시가 넘었다. 나는 목이 말라 평소 잘 마시지도 않는 물을 자주 마셨다. 작은딸도 답답하고 긴장이 됐는지 물을 자주 마시고 있었다. 큰딸은 우리가 안내하는 호텔 방향으로 천천히 이동하고 있었다.

밤은 점점 깊어 갔다. 사람이 많이 다니던 인도에 걸어 다니는 사람은 드물어지고, 도로에 차들도 가끔 한 대씩 지나간다고 했다. 갑자기 집에 있는 내가 무서워지기 시작했다. 딸은 지칠 대로 지친 몸으로 우리가 알려준 편의점을 길 위에서 하나씩 찾아가며 호텔을 향해 한발 한발 걷고 있었다. 마치 달로 떠난 우주인이 지구에 있는 우주국과 교신을 하며 이동하는 것 같은 기분이 들었다. 드디어 딸은 호텔 근처 20여 미터까지 갔다.

"거기서 오른쪽 방향으로 돌아서 쭉 걸어!"

"멀리 ○○건물이 보여?"

"그래, 잘 가고 있어."

"이제 조금만 더 가면 호텔이 보일 거야."

우리는 호텔이 있는 방향으로 딸을 안내했다. 드디어 딸은 예약한 호텔에 아슬아슬하게 도착했다. 0시 5분 전이었다. 길을 아는 사람이라면 걸어서 30분 정도면 갈 수 있는 곳을 두 사람이 도와주는데도 2시간 이상 걸린 것이다.

딸은 여행을 떠나기 전에 나름대로 철저히 준비했다. 여행지에서 찾아 갈 곳을 결정하고 그곳 약도를 미리 출력해 준비했다. 그런데 이런 일이 벌어진 것이다. '오사카 숙소를 찾아가는 밤'은 무척 힘든 과정이었다. 딸은 아마 세상일은 마음대로 잘 안 될 수 있다는 것을 깨닫고, 앞으로는 어떤 일을 할 때 예전보다 더 치밀하게 준비해야 한다고 생각했을 것이다.

사전에 준비를 하면 대부분 계획대로 진행된다. 하지만 많은 일들이 현지 상황에 따라 생각하지 못한 장벽에 부딪혀 꼬여버리는 경우가 종종 발생한다. 이런 꼬임은 비용을 더 지불하고 일정까지 늦어지게 해, 즐거운 마음으로 출발한 여행이 아쉬움으로 가득 차게 만든다. 여행에서 꼬임을 최소화하려면 일정과 시간, 그리고 찾아갈 곳과 숙소 등 여행을 준비하는 단계부터 출발하고 돌아올 때까지를 철저하게 준비할 필요가 있다.

우리는 많은 계획들을 중간에 포기한다. 모든 것이 완벽할 수는 없지만 무엇이든 사전에 최선을 다해야 한다. 공부도 여행처럼 정보도 중요하고, 지혜도 필요하다. 그래야 성과가 높다. 우리 삶이 모두 다 그렇다.

### 시골박사의 한마디!

어떤 일을 하는 데 두려움을 줄이는 두 가지 방법

- 어떤 큰 목표를 세우고 행동으로 옮기려 할 때 두려움을 느낄 때가 많다. 이때 두려움을 줄이는 방법을 소개한다. 하버드 의과대 정신과 스리니바산 S. 필레이(Srinivasan S. Pillay) 교수는 두려움을 줄이려면 우선 목표를 실천할 수 있다는 긍정적인 생각을 하고, 그것에 집중하면 자연스럽게 이루어진다고 했다. 또한 이 방법은 긍정적인 사고를 발달시키는 효과가 있다.[20]
- 가령, 시험을 앞두고 긴장감이 높아져 두려움을 가질 때가 있다. 이런 두려움은 그동안 고생하며 준비해 온 시험을 망칠 수 있다. 이때 최선을 다해 시험을 잘 보겠다는 긍정적인 마음을 가지면 좋다. 그리고 시험 직전까지 최대한 공부에 집중하는 것이다. 이런 생각은 시험을 잘 보게 하며, 예전 같으면 도저히 할 수 없었던 공부도 해낼 수 있는 자신감으로 이어진다.

---

20) 스리니바산 S. 필레이, 《두려움》, 김명주 옮김, 웅진지식하우스, 2013, p.97.

# 백일장

백일장에 나갔다.
시제가 떨어졌다.
머리가 멈췄다.

낑낑대는 강아지처럼
한참을 몸부림쳤다.

문득
폭포처럼 쏟아지는 글감들

어서어서 담아야지
기분이 좋아졌다.

와~ 신난다.
낑낑이가
문득이를 데려온 것이다.

이 시는 내가 평소 공부했던 내용을 아무리 떠올리려고 애써도 생각나지 않다가, 어느 순간 쏟아져 나오는 경험을 소재로 직접 쓴 것이다. 이처럼 '생각하기 연습'은 좋은 아이디어를 떠오르게 하고, 공부에 도움이 되는 훈련이라 볼 수 있다.

Chapter 3

# 행동을 이끄는 마음
# : 동기 부여

내 인생을 바꾸는 공부법

# 01
## 용기와 도전이
## 준 선물

나는 의식적인 노력으로
자신의 삶을 높이고자 하는 인간의 확실한 능력보다
더 훌륭한 일은 없다고 생각한다.
- 헨리 데이비드 소로 Henry David Thoreau

### ✐ 강아지의 용기

—

 따스한 봄볕이 쏟아지는 2018년 5월 어느 날 오후. 인천의 어느 아파트 단지 내에 강아지 한 마리가 주인을 따라 집으로 돌아가고 있었다. 하얗고 복슬복슬한 털, 새까만 두 눈이 초롱초롱 빛나는 귀엽고 깜찍한 강아지였다. 강아지를 좋아하는 아이라면 당장 안아보고 싶을 정도. 강아지는 혀를 내밀고 즐겁고 활기차게 걸어간다. 그런데 웬일인가. 지금까지 걸었던 평평한 잔디밭이 아니다.

눈앞에 딴 세상이 펼쳐진 것이다. 한 번도 건너지 않았던 징검다리가 바로 앞에 있고, 그 아래에는 강처럼 깊은 물이 흐르고 있었다. 물은 불어오는 바람에 찰랑거렸다. 강아지는 머리를 갸우뚱거리며 징검다리를 건너려고 잠시 집중하는 태도를 보였지만, 잔뜩 겁을 먹고 있었다. 주인과 함께 가려면 이 징검다리를 건너야 한다. 그러나 징검다리는 뛰기에 너무 넓어 물에 빠질 것만 같다. 강아지가 다리를 건너지 못하고 주춤거린다. 주인이 자신을 안고 건너기를 바라는 눈치다. 어떻게 징검다리를 건널 것인가? 강아지는 고민에 빠진 듯했다.

주인은 이 모습을 바라보며 "건너 봐!"라고 다정하게 말했다. 하지만 강아지는 한 번도 이렇게 멀리 건너뛰어 본 적이 없었는지, 건너려다가 돌아서고를 여러 번 반복했다. 이제는 포기한 듯 징검다리를 건너 서 있는 주인의 얼굴만 쳐다보고 앉아 버린다. 주인은 강아지가 스스로 건너기를 바라는지 다시 한 번 "건널 수 있어! 건너 봐."라고 외쳤다. 그래도 강아지는 용기가 나질 않는 듯 징검다리를 눈앞에 두고 빙빙 돌면서 낑낑거렸다. 자신감이 없는 모습이 역력했다. 그 모습을 가까이서 지켜보던 내가 한마디를 던졌다.
"목줄을 한번 서서히 당겨 스스로 건널 수 있게 해 보세요."

　　　　　　　　　　　　　　내 인생을 바꾸는 공부법

　주인은 강아지 목줄을 조심스럽게 당기기 시작했다. 당황한 강아지는 뒷발로 완강히 버티다가 용기를 냈는지 건널 자세를 취했다. 주인이 약간 힘을 줘 줄을 당겼다. 긴박한 순간이다. 강아지는 물에 빠지지 않으려고 있는 힘을 다해 뛰었다. 성공이다. 드디어 해낼 수 없을 것 같았던 건너뛰기를 스스로 해낸 것이다. 주인이 칭찬한다. "잘했어 뽀비~!" 이제 자신감이 생겼는지 앞에 놓인 여러 개의 징검다리를 가볍게 건너기 시작했다. 강아지는 앞으로 징검다리를 가볍게 건널 수 있을 것이다. 나는 강아지의 모습을 지켜보면서 깨달았다.

　'사람도 해낼 수 없을 것만 같은 부담스럽고 어려운 일에 부딪칠 때가 있다. 할까, 말까 망설이지 말고, 일단 용기를 내 적극적으로 행동한다면 훨씬 많은 일을 할 수 있다.'는 것을.

## ✍ 개로 진화한 늑대 이야기

—

애완동물 가운데 인간이 가장 가까이 하는 개를 궁금해 한 과학자들은 개를 연구하기 시작했다. 그 결과 다음과 같은 진화 과정세 가지를 밝혀냈다. 하나는 인간이 순종하는 늑대를 길들여 수렵용으로 활용하기 시작했다는 학설이고, 또 하나는 먹을 것이 부족한 환경에 처한 굶주린 늑대가 본능적으로 스스로 인간을 따랐다는 학설이다. 마지막으로 늑대 일부가 유전 변이를 통해 개로 탄생했다는 학설이다. 그 연구 가운데 개로 진화한 늑대 이야기를 한가지 소개할까 한다.

생물학적으로 개의 조상은 늑대였다. 지금부터 3만 2천년 전, 어느 날 몇몇 늑대는 자신들의 신세를 한탄한다. '날마다 하루 먹을 것을 찾아 평생 살아야 하나…….' 그 이유는 육식을 하는 늑대들은 날마다 호시탐탐 먹잇감을 찾아다니다 지치곤 했기 때문이다. 배고픔은 동물이나 인간이나 견딜 수 없는 고통이다. 그래서늑대들은 '어떻게 하면 편안하고 안전하게 살 것인가.'를 고민하기시작했다. 이때 기발한 아이디어가 떠올랐다. '인간과 친구가 되어야겠다.', '우선 감정을 표현하자.' 자신의 꼬리를 흔드는 행동을 인간들에게 선보이는 것. 늑대들은 연습을 시작했다. 처음에는 '꼬리흔들기'가 서툴렀다. 하지만 늑대들은 틈만 나면 꼬리를 올리고 흔

　　　　　　　　　　　　　　　내 인생을 바꾸는 공부법

드는 연습을 계속했다. 여기에 하나를 더 생각해 낸다. 반가운 인간을 만나면 몸까지 비트는 것이었다. 이 행동들은 인간의 마음을 움직였다. 그 당시 인간의 조상인 호모사피엔스는 늑대와 가끔 싸워야 했다. 그런데 어느 날 늑대 우두머리가 고개를 숙이고 인간에게 다가온다. 정말 목숨을 건 용기있는 행동이다. 인간은 그 모습을 처음에는 경계했지만 곧 늑대 마음을 알아차렸다. 그 후 인간과 늑대는 서로 친하게 지냈고 신뢰가 쌓이기 시작했으며, 시간이 흐르자 오두막집에서 함께 생활한다. 다른 종족이 공격해 오면 같이 힘을 모아 싸우기도 했다. 싸움에 승리하면 인간들은 자신들이 먹는 맛있는 음식을 주기도 하고 머리를 쓰다듬으며 칭찬했다.

인간들은 이런 늑대에게 '개'라고 이름을 붙였다. 그렇게 진화한 늑대 후손인 개들은 더욱 대접 받고 살게 됐다. 아프면 동물병원에서 치료까지 해준다. 어쨌든 개는 인간과 소통하는 지혜를 발휘해 평생 늑대로 사는 것보다 안전한 삶을 마련한 것이다.

하지만 늑대는 다르다. 여전히 꼬리를 내리고 생활한다. 고집까지 세서 인간과 어울리지 않는다. 소통은커녕 인간과 함께 생활하기에는 불가능한 존재가 되었다. 지금도 눈 내리는 들판이나 깊은 숲속에서 길을 헤매며 날마다 먹을 것을 찾아 구해야 한다. 늑대가 변화하지 않는 한 앞으로도 계속 그럴 것이다. 수백 년, 아니 수천

년 이후에도, 눈 내리는 추운 날씨에도. 개는 살기 좋은 환경에서 사는데 말이다.

그렇다면 인간에 대해 생각해 보자. 인간도 개로 진화한 늑대처럼 평소 어떤 일을 고민하고, 어려운 일이 생길 때는 망설인다. 또 두려움마저 느낀다. 이런 감정은 마음먹은 계획을 미루게 하며, 해결의 실마리가 전혀 보이지 않아 때로는 잠까지 설친다. 머릿속은 온갖 잡다한 생각으로 가득 찬다. 이 상황을 해결할 좋은 방법은 없을까? 답이 있다. 그것은 용기다. 우리 인생을 바꾸는 출발점은 현실을 극복하겠다는 용기를 갖는 것이다. 무슨 일이든 용기를 갖고 시작하면 그 일은 생각보다 쉽게 풀릴 수 있기 때문이다. 용기는 자신의 현재 모습을 변화시키고 상황도 바꿀 수 있다. 용기는 끊임없이 미래를 향해 뛰게 만든다. 한 번의 용기 있는 행동은 계속 도전할 수 있는 힘을 선물한다. 용기는 우리가 살아가는 데 매우 중요하다. 물론 할 수 있는 일과 도저히 할 수 없는 일을 판단하기란 쉽지 않다. 그렇다고 어떤 일을 시도조차 하지 않는다면 성취는 없다.

이쯤에서 기억할 것이 있다. 어느 시점까지 마쳐야 할 일, 지금 내 앞에 닥친 일을 포기하지 않는다는 것이다. 용기 있는 행동은 우리가 성장해 나가는 데 매우 필요한 요소라는 것을. 그리고 미래로 나아갈 커다란 목표는 작은 용기들이 쌓여 이루어진다는 것을.

## ✍ 도전이 주는 선물

　

2018년 11월, 내가 탄 승용차는 라이트를 켜고 겨울을 재촉하는 차가운 안개 속을 뚫고 길을 따라 빠르게 달리고 있었다.

가로수 아래에는 나뭇잎들이 차도까지 덮치며 수북했다.

그런데 정신없이 달리던 차가 갑자기 멈춰 섰다.

나는 무슨 일이 벌어졌는지 궁금해 밖을 내다봤다.

총을 든 한 병사가 우리를 예리한 눈초리로 쏘아보며 다가왔다.

"어떻게 오셨습니까?"

"행사가 있어서……."

"신분증을 보여 주시겠습니까?"

나는 공포 영화 속 한 장면을 보는 듯 했다.

잠시 후 출입허가증을 받아 들자 차를 가로막고 있던 군부대 정문의 바(Bar)가 통과해도 좋다는 듯 서서히 올라가고 있었다.

차는 강연장을 향해 다시 달리기 시작했다.

행사장 안에는 '국군 장병과 함께하는 인문 콘서트'라는 커다란 현수막이 걸려 있었다.

공연 시간이 다가오자 수백 명의 장병이 줄을 맞춰 입장하고 있었다.

순식간에 공연장은 빈틈없이 꽉 찼다.

드디어 행사가 시작되었다.


행사 진행은 TV에 출연하는 여성 앵커가 맡았다.

먼저 선발된 B 병장이 발표할 시간.

드디어 B 병장이 무대 위로 자신감 있게 뛰어 올라 왔다.

부대장을 포함한 수십 명의 장교와 수백 명의 장병 앞에 선 B 병장.

순간 그는 이성을 잃은 듯 멈칫거렸다.

그의 당황한 행동을 나는 분명히 보았다.

비록 서툰 동작도 보였지만. 그는 끝까지 잘해 냈다.


발표 소재는 '군대 생활 3S' 였다.

군대 생활을 잘 하려면 'Sound, Sense, Speed'

즉 '목소리는 크게, 무엇이든 센스 있게, 행동은 빠르게'가 필요하다는 것이었다.

본 강연이 시작되었다. 강연은 사람들에게 얼굴이 널리 알려진 대학 교수였다. 주제는 '인간심리'였다. 교수의 강연이 끝나고 Q&A 시간이 이어졌다.

강연장 중간에서 용기 있게 한 장병이 일어서서 질문을 했다.

C 장병 : "오전에는 무슨 일을 하는 것이 좋고, 오후에는 어떤 일을 하는 게 좋은가요?"

(교수는 장병의 질문에 여유롭고도 환한 표정으로 다음과 같이 답변한다.)

K 교수 : "오전에는 개인 의지가 발휘되고, 오후에는 습관이 작동합니다. 그래서 어떤 일을 마음먹고 할 때, 오전에는 잘 해냅니다. 그러나 오후에는 계속하지 못하고 무너집니다. 예를 들어 한 남자가 지금까지 피워 온 담배를 안 피우겠다고 결심합니다. 오전은 잘 버텨 냅니다. 하지만 오후에는 자신도 모르게 담배를 입에 물고 있습니다. 습관이 작동한 것이죠. 따라서 생각이 요구되는 깊이 있는 일이나 결정력 등 의지와 관련된 일은 오전에 하고, 오후에는 습관적으로 하는 일을 계획하는 것이 효과적입니다."

나는 교수님 말씀을 듣고 공부 방법도 마찬가지라고 생각했다.

다시 발표했던 B 병장 이야기로 돌아가면, B 병장은 이번 발표로 얻는 게 있다. 3박 4일의 포상 휴가와 포상금이다. 그는 바쁜 일상생활 속에서도 시간을 내서 발표를 준비했을 것이다.

그는 이번 발표를 계기로 삶을 변화시켜 나가리라 믿는다. 그의 적극적인 사고와 수백 명의 장병들 앞에서 발표를 하겠다는 용기 있는 태도가 행운을 줬기 때문이다.

부대장은 수백 명의 장병 앞에서 포상 휴가증을 전달했다. B 병장은 흐뭇한 표정으로 환하게 웃었다. 행사를 마친 후 나는 생각했다. 살아가면서 '기회가 있으면 도전하는 것'이다. 그것이 변화하는 삶을 사는 길이라고. 도전은 마음먹기에 달렸고, 무엇이든 해낼 수 있다는 자신감을 갖게 한다. 자신의 변화는 사소한 일부터 시작되고, 그것은 내게 무언가를 가져다 준다. 중요한 것은 무언가를 시작하기 위한 결심이다.

행운은 도전하는 사람에게 더 많이 찾아온다. 물론 도전한다고 반드시 성공하는 것은 아니다. 하지만 여러 번 도전하면 분명히 자신에게 돌아올 행운이 있다는 것을 기억하자. 도전해서 원하는 것이 성취되지 않더라도 너무 실망하지 말자. 성공한 수많은 사람들도 시련과 도전을 겪고 난 후에 우뚝 솟는 인물이 되었다. 성적을 끌어올리기 위한 공부도, 취업을 위한 도전도 마찬가지이다.

내 인생을 바꾸는 공부법

밖을 바라봤다. 행사 시작 전에 쏟아졌던 비는 아직도 억수같이 쏟아져 내리고 있었다. 수십 년 자란 커다란 나무들이 우거져 있고, 금빛을 띠며 나뭇가지에 달려 있는 잎사귀들이 가을을 아쉬워하는 듯 바람에 흔들리고 있었다.

📢 **시골박사의 한마디!**

새 정보와 옛 정보를 연결하여 학습 효과를 높여라

- 어떻게 하면 공부한 것을 오래 기억할 수 있을까. 이에 대해 1985년 멘사회원이자 2007년 세계기억력선수권대회 챔피언인 군터 카르스텐(Gunther Karsten)은 그의 저서 《기억력 공부의 기술을 완성하다》에서 다음과 같이 전하고 있다. 새로운 정보를 머릿속에 있는 정보와 서로 결합하여 기억하는 방법이다. 이 방법은 학습 내용을 깊고 빠르게 이해하게 만들고 새로운 정보를 확고하게 뇌에 뿌리를 내리게 하는 장점이 있다[21]는 것이다.
- 이 방법은 암기하는 데 도움을 많이 준다. 이미 뇌에 새겨진 정보에 새로운 정보를 접속하는 방법이기 때문이다. 이 습관이 배면 학습 효과가 크게 높아질 것이다.

---

21) 군터 카르스텐, 《기억력 공부의 기술을 완성하다》, 장혜정 옮김, 갈매나무, 2014, pp.72~74.

# 02 하버드 의대 교수의 집중력 높이는 다섯 가지 핵심요소

*기회가 올 때는 이미 준비하기에 너무 늦다.*
*- 존 우든 Jhon Wooden*

지난 해 봄, 나는 중학교 교사인 지인을 만난 자리에서 "효과적인 공부 방법 가운데 한 가지만 말해 주신다면?"이라고 물었더니 그는 다음과 같이 대답했다.

"학생들을 가르치는 제 경험으로는 집중력입니다."

### ✑ 집중력을 높이는 다섯 가지 핵심요소
—

사람들은 대부분 공부 능률은 집중력에서 나온다고 생각한다.

내 인생을 바꾸는 공부법

그렇다면 집중력은 어떻게 키울 수 있을까? 이에 대해 하버드 의대 에드워드 할로웰(Edward Hallowell) 교수는 기운, 감정, 참여, 체계, 제어 등 다섯 가지가 집중력을 키우는 핵심요소라고 했다.[22]

첫째, '기운'이다. 할로웰 교수는 기운을 얻는 방법으로 수면과 운동 등을 추천한다. 나는 잠자고 일어난 아침, 기운이 최상이다. 체력은 회복되고 머리는 맑아 집중이 잘 된다. 그래서 집에 있을 때는 독서를 하거나 글을 쓴다. 반면 오후에는 몸이 피곤해져 집중력이 떨어진다. 기운이 약해진 것이다. 그리고 저녁시간에는 운동을 한다. 체력을 키우고 숙면을 하는 데 도움이 되기 때문이다. 이처럼 기운을 내는 수면과 운동은 집중력을 높이는 중요한 요소이다.

둘째, '감정'이다. 일의 최고 성과를 내는 데는 감정이 중요한 역할을 한다고 강조했다. 감정 상태가 집중력의 질을 좌우하므로 부정적인 감정을 피하라고 했다. 그래서 나는 공부하는 사람이라면 다음과 같은 마음가짐이 중요하다고 생각한다.

'나는 이번 시험에 최선을 다해 준비하겠다. 그러면 성적은 오를 것이다.' 등.

---

22) 에드워드 할로웰, 《하버드 집중력 혁명》, 박선령 옮김, 토네이도미디어그룹, 2015, pp.28~31, 224~250.

셋째, '참여'이다. 할로웰 교수는 어떤 일에 대한 최고의 성과는 적극성과 동기 부여에서 나온다고 했다. 나는 교육이나 회의 등에서 기회가 있으면 적극적으로 참여하려고 애쓴다. 이것은 나에게 많은 것을 주기 때문이다.

넷째, '체계'이다. 체계는 일정 계획, 시간 관리, 우선순위 등을 정하는 것이다. 계획이 없으면 집중이 안 되고 성과도 없다. 특히 체계는 장애물을 없애는 역할을 한다고 했다.

나는 계획을 세울 때 우선 큰 단위의 계획이라면 해낼 수 있을 정도로 작은 단위로 잘라 세운다. 작은 계획은 부담 없이 해낼 수 있고 자신감을 갖게 하기 때문이다. 그리고 스스로 시간 일정을 짜고 무엇을 하겠다는 등의 자기주도적 자세는 성취 욕구와 집중력을 높이는 데 도움이 된다.

다섯째, '제어'이다. 우리는 자신에게 중요하지 않은 일에도 관심과 시간을 낭비할 때가 많다. 더욱 안타까운 것은 이런 사실조차 의식하지 못하고 생활하는 경우가 많다고 교수는 지적한다. 이런 점을 통제하는 것이 바로 제어인데, 나는 제어를 통해 평소 중요하지 않은 일에서 벗어날 여러가지 개선점을 찾아낼 수 있었다.

내 인생을 바꾸는 공부법

여기에 덧붙여 내가 아는 고시(공무원 5급)를 준비하는 대학생에게 집중하는 방법을 물은 적이 있다. 그는 "자세도 한 몫 해요." 하며 자신의 효율적인 공부 방법을 말했다.

"허리를 바르게 펴고, 팔꿈치를 책상 위에 가볍게 올려놓고, 다리는 붙이고 공부해 보세요."

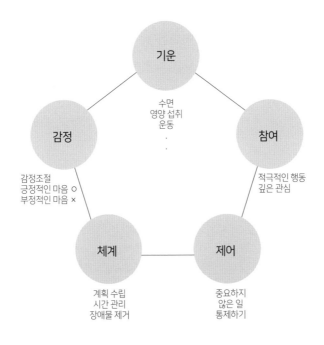

<집중력을 키우는 다섯 가지 핵심요소>

## ✒️ 집중력을 통한 몰입 방법

지금까지 우리는 집중력을 높이는 방법에 대해 살펴봤다. 여기서 나는 몰입의 창시자 미하이 칙센트미하이(Mihaly Csikszentimihalyi) 교수가 밝힌 몰입 방법을 참고하여 세 가지로 정리해 볼까 한다.[23]

첫째, 목표를 이루기 위한 명확한 계획을 세운다. 이것은 집중과 몰입의 가능성을 높인다. 다음은 계획을 할 수 있을 만큼 작게 쪼개 실행한다. 그리고 불필요한 방해 요소는 제거해 나간다.

둘째, 체력을 유지하기 위해 충분한 수면을 취하고 운동을 꾸준히 한다.

셋째, 활동 효과에 대한 피드백(예 문제풀이, 요약정리 등)을 한다.

하는 일이 지루해지면 목표를 높여 나간다. 이 과정은 집중력을 높여 실력을 키우고 자신감까지 주리라 믿는다.

---

23) 미하이 칙센트미하이, 《몰입의 즐거움》, 이희재 옮김, 해냄, 2013, p.90.

내 인생을 바꾸는 공부법

📣 **시골박사의 한마디!**

집중이 기억에 미치는 효과

- 뇌 가소성 연구의 권위자인 마이클 메르제니히(Michael Merzenich) 교수는 "집중을 통해서 새로운 신경 회로가 만들어진다는 것을 증명했다. 따라서 집중하지 않으면 뇌의 뉴런은 결코 강하고 지속적인 연결을 형성하지 못한다. 결국 뇌에 어떤 정보를 제대로 입력하기 위해서는 집중이 필요하다."[24]라고 했다.

- 이 연구에서 우리가 알 수 있는 것이라면 집중하지 않는 공부는 제대로 기억되지 않아 대부분 잊을 수 있다는 점이다.

---

24) 조 디스펜자, 《꿈을 이룬 사람들의 뇌》, 김재일·윤혜영 옮김, 한언, 2011, p.198.

# 03
## 일상의 즐거운 변화

우리가 아무것도 시도할 용기가 없다면
인생은 어떻게 될까요?
- 빈센트 반 고흐 Vincent van Gogh

서울 강남 번화가, 지하의 조그마한 술집. 불빛이 환해지다가 어두워지고, 무대 위 밴드 소리와 사람들 함성이 고막이 터질 정도로 울려 퍼진다. 시간이 얼마나 흘렀는지 알 수 없다. 그는 자신도 모르게 잠깐 졸았다. 검정색 옷차림을 한 덩치 큰 종업원이 어깨를 툭툭 치며 말한다.

"영업 끝났습니다."

실눈을 떠보니 사방이 고요하다. 테이블에는 마시다 남은 맥주가 아직 반쯤 채워있다. 마지막 한 잔을 쭉 들이키며 일어서니 정신이 흐려져 허둥지둥 급히 밖으로 나왔다. 눈앞이 깜깜했다. 지하철이 끊어져 집에 가기 힘들어진 것이다. 그는 '오늘밤은 찜질방에서 보내야겠어.'라고 혼잣말로 중얼거렸다. 근처 찜질방을 찾아 터벅터벅 걷기 시작했다. 그런데 뭔가 이상했다. 호주머니가 허전한 기분이 들었다. 순간적으로 바지 주머니에 손을 넣었다. 정신이 바짝 드는 일이 벌어졌다. 지갑이 없어진 것이다.

이런 생활이 계속되면 누구나 삶의 정체성을 잃고 만다. 아침에 일어나 밥을 먹고 시간에 맞춰 직장에 나가고 퇴근하면 술 한 잔을 한다. 집에 늦게 돌아오니 피곤하여 잠에 곯아 떨어진다. 그리고 다시 일어나 어제와 같은 생활을 계속한다. 하루 뚜렷한 목표를 정하지 않고 이렇게 일과를 보내는 경우 한 해의 종착점인 연말이 되었을 때 깨닫는다.

'내가 올해 한 일이 무엇이지? 바쁘게 보내기는 했는데…….'

이쯤 되면 삶의 반전이 필요한 상황이다. 하지만 이런 생활을 끊기란 어려운 일이다. 인간의 뇌는 새로운 합리적 습관을 버거워하기 때문이다.

그는 일상생활을 변화시켜 보기로 마음먹었다. 그런데 어떻게 변화시켜야 할지 막막했다. 그래서 도서관에서 자기계발전문가가 쓴 책을 검색했다. 스티븐 기즈(Stephen Guise)의 《습관의 재발견》

이라는 책이 눈에 들어 왔다. 책에는 작은 습관의 변화를 위해서는 다음과 같은 것이 필요하다고 했다.

'작은 습관은 사실상 매일 성공이 보장되는 자기 계발 전략 중 하나다. 그 이유는 강력한 의욕을 고취시키고 목표 달성이 언제나 가능하기 때문이다.'[25]

이처럼 현재 몸에 밴 습관을 변화시키는 데는 사소한 행동부터 시작하는 것이 좋다. 작은 습관이 새로운 습관의 토대가 되고, 이 것이 자신을 서서히 변화시켜 기대 이상의 위대한 결과를 만들어 내기 때문이다. 이때 중요한 것은 자신의 마음가짐이라 할 수 있 다. 마음이 행동으로 옮겨지기 때문이다. 요즈음처럼 변화무쌍한 사회에서는 바다 위에서 표류하는 배처럼 당신의 삶도 정체성을 잃고 휘둘릴 수 있다. 그렇다면 어떻게 해야 할까? 자신이 정한 목 표에 관심을 두고 단순한 생활을 하는 것이다. 이런 생활이 계획한 목표를 빠르게 이룰 수 있게 한다.

그렇다면 단순하게 사는 방법은 어떤 것일까. 먼저 이렇게 해보 자. 아침에 일어나면 그날 해야 할 계획을 세우는 일이다. 이를 위 해서 메모지를 준비한다. 머릿속에 떠오르는 오늘 해야 할 일을 모

---

25) 스티븐 기즈, 《습관의 재발견》, 구세희 옮김, 비즈니스북스, 2016, p.44.

내 인생을 바꾸는 공부법

두 쓴다. 그런 다음 오늘 할 수 있는 일을 선택한다. 물론 중·장기적인 목표는 '오늘은 이 정도만 한다.'는 세부적인 목표를 적는다. 그 가운데서 가장 중요하고 꼭 해야 할 일을 마음속으로 정한 후 순서를 매긴다. 1, 2, 3, …….

그리고 오늘 하루를 보내는 동안 수시로 적어 놓은 메모지를 훑어보며 자신의 활동을 확인한다. 하나씩 완성된 일은 번호 위에 ∧ 표시를 한다. 오후가 되면 이런 표시는 점점 늘어나고 해야 할 일들은 줄어들 것이다. 이때 흐뭇한 감정을 느끼고, 자신감도 생긴다. 하루가 뜻깊게 지나가고 있다는 것을 마음속 깊은 곳에서 깨닫기 때문이다.


여기서 매우 중요한 이야기를 전하려 한다. 반드시 하루 일정 안에는 체력을 관리할 수 있는 운동 시간을 꼭 넣는 것이 좋다. 운동은 우리 마음을 흔들리지 않게 하는 마법과 같은 힘을 가져다주고 집중력도 키워준다.

바쁜 시간 속에서도 우리가 매일 규칙적으로 할 수 있는 운동이 있다. 지하철을 이용하여 출퇴근하는 사람들은 전철을 기다리는 시간에 벤치를 이용하여 팔굽혀펴기를 할 수 있다. 물론 사람들이 많아 웅성거리는 시간대는 참아야겠지만 주위 사람을 의식하지 않을 정도인 환경에서는 충분히 가능하다. 가볍게 1회에 5번이든 10번이든 할 수 있다. 또 아파트에서 엘리베이터를 기다릴 때 버튼을 눌러놓고 가볍게 스콧(Squat)도 할 수 있다. 집에서는 팔굽혀 펴기, 평평한 장소에서는 줄넘기, 운동장에서는 달리기나 빠르게 걷기, 학교에서는 농구나 축구 등을 하는 것이다. 찾아보면 체력을 단련하는 데 좋은 운동들이 얼마든지 있다. 하루 목표를 추진하면서 운동을 틈나는 대로 계속하는 것이다. 그러면 체력도 좋아지고 하는 일도 잘 된다. 꼭 실행해 보라. 이것이 변화가 일어나고 있다는 신호이다.

세계적으로 베스트셀러를 내는 작가들은 일상생활이 단조롭다고 한다. 그들은 아침에 일어나 글을 쓰고 오후에는 산책이나 운동을 한다. 그리고 밤에는 독서를 하고 잠자리에 든다. 일반 사람들과 비교했을 때 매우 단조로운 생활이 몸에 밴 것이다. '최고의 사람들은 자신이 하는 일에 모든 시간과 열정을 쏟아 붓는다.'는 말이 있다. 이것이 그들을 세계적인 인물로 성장하게 만든 것이다. 지금부터라도 작은 변화가 변화를 이끌어 내는 큰 동력이 된다는 사실을 기억하면 어떨까.

**시골박사의 한마디!**

목표를 효과적으로 달성하는 방법

- 많은 사람들은 목표를 세운다. 하지만 목표 달성을 단념하는 경우가 많다. 어떻게 하면 계획한 목표를 달성할 수 있을까? 이에 대해 스탠퍼드대 심리학과 켈리 맥고니걸(Kelly Mcgonigal) 교수는 다음과 같이 제안한다. 우선 목표는 '무엇'이 아니라 '왜' 달성하고 싶은지에 대한 이유를 반복해서 자문자답하라고 한다. 그러면 마음속에 있는 진짜 동기를 알게 되어 포기할 확률이 낮아진다는 것이다. 그 다음에는 구체적으로 행동할 목표를 세워 작은 일부터 하나씩 하다보면 목표를 달성할 수 있다고 했다.[26]
- 이런 목표 달성 방법은 우리가 왜 공부를 하는지에 대한 명확한 목표 의식을 심어준다. 그리고 이것은 동기 부여를 갖게 하고 스스로 공부하는 자세를 만든다.

---

26) 켈리 맥고니걸, 《스탠퍼드 성장수업》, 오민혜 옮김, 시공사, 2018, pp.36~41.

# 04
## 일찍 배웠으면 좋았을 파워포인트

네가 좋아하는 일을 직업으로 삼으면
평생 일할 필요가 없다.
– 공자 孔子

　지난 해 유난히 뜨거웠던 여름이 지나고 가끔씩 시원한 바람이 부는 가을이 오고 있었다. 나는 인천시 인재개발원에서 컴퓨터 교육을 받았다. 강사는 화면을 가리키며,

　"이제 동영상 앨범 만드는 방법, 이해되셨죠?"

　"아~, 이것도 보고서 만들 때 활용하시면 좋습니다……."

　"이해~ 되셨죠?"

　교육 기간은 5일이고, 교육 내용은 컴퓨터로 파워포인트 익히기였다.

내 인생을 바꾸는 공부법

강의 첫날, 강사가 하는 설명에 나는 갑자기 가슴이 답답해져 왔다. 미숙한 나의 파워포인트 실력이 여실히 드러났다. 수업 내용을 이해하며 따라가기가 어려웠기 때문이다. 교육생들은 잘 따라 하는데 나만 못 한다고 생각하니 외로움마저 들었다. 컴퓨터 자판을 빠르게 두드리는 소리가 들려왔다. 교육을 포기할까 몇 번이고 고민했고, 5일 동안 교육을 어떻게 버틸 수 있을지 긴장하며 매시간 앉아 있었다. 수시로 반복되는 강사의 "이해되셨죠?"라는 말은 나를 더욱 위축시키고 있었다. 이럴 때마다 나는 마음속으로 '아니다. 힘들어도 배운다고 왔으니 조금이라도 배워야 하는 것 아냐?'를 되새겼다. 무엇을 하든 마음가짐이 중요하다고 생각하면서.

나는 힘든 이 교육 과정을 극복하고 싶었다. 강의 내용을 최대한 따라가기 위해 수시로 강사에게 손을 들어 모르는 부분을 가르쳐 달라고 요청했다. 부끄러움을 무릅쓰고 때를 놓치면 안 된다는 생각에 최선을 다해 배웠다. 모르는 부분이 많아지면 쉬는 시간에도 물어서 이해한 후 다음 시간으로 넘어가려 노력했다. 그렇다고 강의 진행에 지장을 줄 정도는 아니었다.

강의 첫날 오후는 평소 먹던 간식을 못 먹어서 그런지 배가 무척 고팠다. 그래서 둘째 날부터는 비타민과 홍삼을 준비했다. 먹고 나면 효과가 조금 있는 것 같았다. 아마 마지막 5일째까지 버티게 한 것도 이 두 가지 식품이었는지 모른다. 수업이 계속된 넷째 날도 첫날처럼 따라가기 바빴다. 몸은 평소와 다르게 하루 종일 앉아 있으니 허리까지 아팠다. 그래서 쉬는 시간 10분 동안은 강의실 밖으로 나가 길게 뻗은 복도를 공원 산책하듯 왕복해서 걸었다. 전날 '바르게 걷기' 수업 때 강사가 가르친 대로 발뒤꿈치 → 발바닥 → 엄지발가락이 자연스럽게 바닥에 닿도록 신경 쓰며 걸었다. 그렇게 하면 긴장으로 굳어진 몸이 풀리는 데 도움이 되는 것 같았다. 그리고 천천히 걸으면서 방금 강의 내용을 다시 떠올리려고 애썼다.

시간이 흘러갈수록 긴장감은 서서히 누그러지고 있었다. 이때 그토록 어렵게만 느껴지던 파워포인트 내용이 머릿속에 조금씩 쌓이는 기분이 들어 놀라웠다. 게다가 파워포인트의 매력이 무엇인지까지. '이 교육 잘 받으러 왔구나!'라는 생각까지 드는 게 아닌가. 아무튼 이 교육을 끝까지 버틸 수 있었던 것은 무엇보다도 매우 유익한 수업이라는 것을 깨달았기 때문이다.


이런 이야기에 어떤 사람은 핀잔을 줄지 모르겠다. '입사해서 지금까지 뭘 하느라 이것도 못 따라 가나'라고. 솔직히 고백한다면 나는 원래 컴퓨터를 좋아하지 않았다. 그것이 드디어 전문 과정에 들어오니 들통이 난 것이다. 이처럼 이 작업을 직장에서 가끔 사용할 때도 있었지만 그럴 때마다 누군가가 만들어 놓은 자료를 활용해서 쉽게 대충 작성했다. 마치 선생님이 내 준 숙제를 같은 반 친구에게 빌려 쉽게 해 온 것처럼.

이 교육과정에서 내 마음을 가장 흐뭇하게 만든 것이라면 영화와 음악, 사진을 융합하는 '동영상 만드는 법'이었다. 진즉 배웠으면 좋았을 파워포인트라고 생각했다. 아직까지 컴퓨터 교육을 한 번도 제대로 받지 않은 것이 못내 아쉬울 정도였다. 앞으로는 내가 필요한 것은 미루지 않고 배워야겠다는 생각이 들었다. 웬만해선 긴장하지 않는 내가, 이번 교육에서는 하루하루가 긴장으로 시작해 긴장으로 끝났다. 이유는 이 분야에서 내 실력이 백지 상태였기 때문이다.

여기서 백지 상태란 뇌 과학으로 풀어본다면 뇌신경 세포에 아무 정보가 들어있지 않다는 의미이다. 이렇게 강사가 교육생들에게 "이해되셨지요?"라고 반복해서 묻는 것은 뇌신경 세포의 신경 전달 물질 시냅스가 우리 팔과 다리의 근육처럼 튼튼해지고 부풀어져 오랫동안 기억할 수 있다.

우리는 공부 방법 중 오래전부터 수없이 들어온 한 가지가 있다. 반복이 중요하다고. 그래서였을까. 공부 잘하는 사람들의 공통된 특징은 배운 것을 반복해서 익힌다는 것이다. 이런 생각을 하니 하

버드대 정신의학과 존 레이티 교수가 그의 저서에서 밝힌 다음과
같은 연구 사례가 머릿속에서 문득 떠올랐다.

경험을 회상하고 반복할 때마다 뉴런은 화학적으로 연이어 작동
하고 연결을 강화한다. 만약 새로운 네크워크가 강화되지 않으면
연결은 해체된다. 다시 말해서 기억 연결이 확고해지면 그것은 지
속되지만 많은 세월이 지나면 기억은 희미해진다.[27]

이제 힘들었던 마지막 교육 시간이다. 인재개발원에서는 열심히
공부한 교육생 두 명에게 기념품을 주었다. 운이 좋게도 기념품을
받았다. 나는 같이 수업 받은 교육생들에게 이렇게 말하고 싶었다.

'마치 꼴찌에게 주는 격려상 같아요.'

---

27) 존 레이티, 《뇌 1.4킬로그램의 사용법》, 김소희 옮김, 21세기북스, 2013, p.263.

　　　　　　　　　　　　　　　　　　　내 인생을 바꾸는 공부법

## 📢 시골박사의 한마디!

장기 기억 형성에 필요한 영양소, 단백질의 역할

- 우리가 공부한 내용을 장기 기억하는 데는 단백질이 필요하다는 연구 결과를 소개한다. 1963년 루이스 플렉스너(Louis Flexner)와 래리 스콰이어(Larry R.Squire) 등은 단기 기억 형성에는 새로운 단백질이 필요하지 않지만, 장기 기억 형성에는 필요하다는 것을 최초로 밝혀냈다. 이어 기억이 저장되는 신경학적 메커니즘을 밝힌 공로로 노벨생리의학상(2000)을 수상하고 현재 미국 컬럼비아대 에릭 캔델(Eric R. Kandel) 교수 등은 시냅스 강화의 지속 시간이 세로토닌 적용 횟수에 비례한다는 것을 알아냈다.[28]

- 위의 연구 결과에서 보듯이 학습 효과를 높이는 데는 단백질이 중요한 역할을 한다. 평소 단백질이 풍부한 생선이나 계란 등의 식품 섭취가 필요하다. 아울러 즐거운 운동 등을 통한 기분 좋은 상태가 공부 효과에 도움이 된다.

---

28) 에릭 캔델 · 래리 스콰이어, 《기억의 비밀》, 전대호 옮김, 해나무, pp.296~300.

# 05
## 퀴즈 시합에서 얻은 교훈

희망은 두려움의 유일한 해독제이다.
- 랜스 암스트롱 Lance Armstrong

어느 해 여름, 한 공공기관에서 직원들을 모아놓고 교육을 시키고 있었다. 더위는 교육장까지 후덥지근하게 만들었다. 강사는 "……해라, ……해서는 안 된다" 등. 직원들의 귀에 전혀 들어오지 않는 딱딱한 내용들로 두 시간 동안 교육이 계속되자 모두 지루해하는 모습이었다. 눈을 감고 있는 사람도 있고 스마트폰에 얼굴을 파묻고 있는 사람들도 눈에 띄었다. 나는 교육이 빨리 끝나기를 바랐다.

이어서 다른 주제로 강의하는 강사가 들어왔다. 분위기가 달라

내 인생을 바꾸는 공부법

지기 시작했다. 그는 먼저 참석한 400명을 A조, B조, C조, D조로 나눴다. 그리고 퀴즈로 각 조별 경쟁을 시켰다. 각 조는 자기 조가 이길 때마다 함성을 지르며 열광했다. 강사는 유머와 퀴즈로 교육장을 흥분시켰다. 참석자들은 앞 시간의 교육과는 달리 매우 적극적이었다. 선두를 달리는 D조, 바짝 뒤따르고 있는 B조, 3위를 달리는 내가 속한 A조, 퀴즈에 아무 답을 못한 꼴찌 C조, 참석자들은 모두 강연이 끝나가는 시간까지 앞서고 있는 D조가 우승할 줄 알았다. 나도 그렇게 믿었으나 결과는 아니었다.

강연이 끝나기 5분을 남겨놓고 꼴찌를 달리던 C조가 앞서가기 시작했다. 퀴즈 문제는 연달아 오락 게임이었다. '화면에 나온 영상이 무슨 게임인가?'라는 강사의 질문이 나오자마자 곧바로 정확히 맞히는 것이었다. 나머지 조들은 어안이 벙벙해지기 시작했다. 참석자들은 계속해서 손을 든 사람에게 시선이 집중되었다. 순식간에 조별 순위가 바뀌자 모두 놀라워했다. D조가 어이없이 뒤로 밀렸다. 드디어 퀴즈가 막을 내리고, C조가 1등을 했다. 꼴찌였던 C조가 1등을 할 줄이야 누가 알았겠는가. 이처럼 무엇이든 끝까지 가봐야 한다.

또 다른 이야기를 해보자. 우리가 즐겨 보는 월드컵 축구 경기에서도 이런 광경이 가끔 일어난다. 경기는 후반전, 이제 종료 시간이 몇 분밖에 남지 않았다. 이기는 쪽 선수들은 승리를 마음속에 두고 빨리 경기가 끝나기를 기다리면서 뛸 것이다. 지고 있는 선수들은 최선을 다해 득점을 올리기 위해 애쓴다. 관중석에서는 승리의 환호성을 지르는 사람들과 경기에 졌다고 맥 빠진 사람들로 희비가 엇갈린다. 이때 고전을 면치 못하고 있는 팀에 선수 교체가 있다. 그러자 기적 같은 일이 벌어진다. 질 줄만 알았던 팀의 선수가 갑자기 신의 계시를 받은 듯 슛팅 골을 계속해서 터트려 시합을 승리로 이끄는 경우가 있다.

우리 인생도 마찬가지다. 학교 다닐 때 뒤에서 쩔쩔매던 아이가 졸업을 한다. 그리고 몇 년의 시간이 흘렀다. 성인이 되어 평범하게 지낼 줄 알았던 친구가 갑자기 유명해졌다는 소식을 결혼식장에 모인 동창들을 통해 듣는다. 이런 소식을 들은 후 어느 날 TV 시청을 하는데, 그 친구가 출연을 하지 않는가. 이처럼 우리 주위에는 드라마 같은 인생을 사는 사람들이 있다.

공부도 마찬가지다. 공부를 못한다고 좌절하지는 않아야 한다. 비록 지금 삶이 힘들고 모든 것을 포기하고 싶은 마음이 하루에도 몇 번씩 생긴다 해도 참을 필요가 있다. 그 이유는 살아가면서 많은 기회가 있기 때문이다. 이런 이야기에 어떤 사람은 '운이 따른 것이야!'라고 말할지도 모른다. 물론 앞서 나가는 데는 행운도 따

내 인생을 바꾸는 공부법

른다. 하지만 준비되지 않은 사람에게 행운이 찾아오지는 않는다. 또 어떤 사람은 '재능은 유전자와 환경의 결합이다.'라고 주장하며 재능을 우선시 할지도 모르겠다. 세계적인 명성을 가진 베토벤 같은 사람을 언급하면서 말이다. 물론 베토벤은 음악적 잠재력을 가지고 태어났다. 하지만 모든 사람이 비범한 재능을 갖고 태어나지는 않는다. 평범한 능력을 가졌지만 사회에서 필요한 사람이 되기 위해, 자신이 하고 싶은 꿈을 이루기 위해 열심히 노력하는 사람이 생각보다 많다. 이런 사람들이 결국 사회에서 인정받고 성공한다.

이런 이야기를 두고 정신과 전문의이자 심리훈련 전문가인 문요한은 그가 쓴 《스스로 살아가는 힘》이라는 책에서 다음과 같이 말하고 있다.

> 어떤 분야라고 하더라도 반복을 통해 실력을 쌓고 이를 통해 발전적 시도를 해 나가는 것이 실력 향상과 전문성 발달의 공통점이다. 그렇다면 전문가들은 이 지루한 반복을 어떻게 견디는 것일까? 여러 가지 요소가 있겠지만 흥미로운 것은 실력이 늘면 반복적인 연습을 견딜 수 있는 능력도 커진다는 사실이다. 음악에서는 이를 '이삭스턴(Issac Stern) 규칙'이라고 한다. [29]

---

29) 문요한, 《스스로 살아가는 힘》, 더난출판, 2014. pp.166~167.

**시골박사의 한마디!**

브라이언 트레이시가 전하는 목표 달성을 위한 7가지 방법[30]

① 목표를 세운다.

② 마감 시한을 정한다.

③ 목표 리스트를 만든다.

④ 행동 계획을 짠다.

⑤ 장애 요인을 제거한다.

⑥ 즉각 실천한다.

⑦ 꾸준히 전진한다.

• 우리가 목표한 계획을 세우고 행동하는 것은 삶을 성장시키는 지름길이다.

---

30) 브라이언 트레이시, 《백만불짜리 습관》, 서사봉 옮김, 용오름, 2011, pp.68~70.

내 인생을 바꾸는 공부법

# 06 세상은 빠르게 변화하고 있다

> 성공의 열쇠는 목표를 놓치지 않는 것이다.
> 자신이 가장 큰 능력을 발휘할 수 있는 범위를 확인하고
> 그것에 시간과 에너지를 집중하라. [31)]
> - 빌 게이츠 Bill Gates

다음 이야기는 소설 같은 이야기일 수 있다. 하지만 사실이다. 1960년대 우리나라 외딴 섬의 한 겨울 생활 풍경을 그린 것이다.

어느 해 12월, 한가로운 섬마을 양철 지붕들은 강렬한 햇빛을 받고 모두 은빛으로 반짝이고 있었다. 거리는 텅 비어 있고 몇몇 어른들은 처마 끝에 쪼그리고 앉아 담뱃불을 손에 쥐고 있다. 철

---

31) 이와타 마쓰오, 《결국 성공하는 사람들의 사소한 차이》, 김윤경 옮김, 비즈니스북스, 2018, p.107.

썩철썩 파도소리만 들리는 고요한 섬 마을에도 명물이 없는 게 아니다. 나는 그것이 무엇인지 알고 있다. 그것은 바로 물. 시원하고 은은한 단맛이 느껴지는 물이다. 그때 멀리서 이 섬마을을 향해 어선 한 척이 흰 물살을 내며 해변으로 다가오고 있었다. 선상 위에 한 어부가 서 있다. 동네 여인들이 배를 향해 유심히 귀를 쫑긋 기울인다. 배 위에 서 있던 어부가 "물이요! 물이요!"라고 크게 외친다.

이때부터 동네 여인들은 정신없이 바빠진다. 모든 것을 내팽개치고 우물가로 정신없이 달려가 담아 놓은 물통을 머리에 이고 뱃머리로 힘껏 달린다. 여인들의 달리기 시합이 시작된 셈이다. 길 위에는 추위에 말라 비틀어진 잡초들이 엉성하게 튀어 솟아나 있고 이어서 자갈밭이 나온다. 뱃머리에서 줄서기 한 여인들은 물통을 두 팔로 힘껏 밀어 올린다. 거친 파도는 여인들 다리까지 차오른다. 그래도 바닷물에 빠진 발은 어부가 물통을 잡을 때까지 차디찬 바닷물을 견뎌내야 한다.

운이 좋게 물을 빨리 건넨 여인은 머리에 두른 수건을 손으로 끌어내려 펼친다. 한 건 했다는 표시다. 방금까지 하얗게 질린 여인들 얼굴에 핏기가 돌아온다. 물을 다 채운 배는 물 값을 건넨다. 여인들의 얼굴 모습이 밝다. 숨 가쁘게 달려왔다가 물을 팔지 못한 여인들은 자갈밭에 물을 쏟아 붓고 터벅터벅 돌아선다. 허탕을 친 것이다. 멀리 산자락에는 손으로 잡을 수 없는 흰 안개가 걸려 있었다.

한 여인은 집에 돌아와 젖 달라고 보채는 두 살배기 아이를 힘껏 끌어 안고 마루턱에 앉는다. 그리고 웃옷을 위로 올려 젖가슴을 내민다. 거무스레한 팔다리와 다른 하얀 가슴이다. 한참 젖을 먹은 갓난아이가 갑자기 이로 젖을 물어 버렸다. "에잇~!" 아이 엉덩이를 손바닥으로 힘껏 내려 친 여인은 한 번 더 젖을 물린다. 여인의 얼굴이 다시 환하게 밝아온다. 그날따라 태양은 양철집 마당에 강렬한 햇빛가루를 쏟아 붓고 있었다.

위에서 소개한 섬, 현재는 전기가 들어오고 물도 편하게 먹을 수 있게 되었다. 세상이 빠르게 변한 것이다. 우리가 살고 있는 사회는 과학의 발전으로 더욱 빠르게 변할 것이다. 이럴수록 변화하는 사람만이 더 나은 삶을 살아갈 수 있다.

**시골박사의 한마디!**

가장 효과적인 공부법은?

- 어떻게 하면 효과적으로 공부할 수 있을까? 이에 대한 연구 논문이 있다. 미국 퍼듀대 제프리 카피크(Jeffrey Karpicke) 박사팀은 워싱턴대 학생들을 대상으로 실험을 실시했다. 연구 결과는 '공부한 내용을 입력하는 복습보다는 문제를 푸는 출력 훈련이 더 효과적이다.'라고 밝혔다.
  이것은 우리가 정보를 얼마나 많이 넣었는지(학습) 보다 그 정보를 몇 번이나 사용(상기)했는지에 따라 내용을 장기간 안정적으로 보존할 수 있다는 뜻이다.[32]
- 위의 공부 방법은 매우 중요하다. 시험이 임박해지면 모의고사를 보듯이 머릿속에 들어있는 지식을 꺼내는 훈련이 필요하다. 따라서 공부한 내용은 다음 단계로 넘어가기 전에 그때마다 반복해서 문제를 푸는 습관이 학습 효과를 높인다.

---

[32] 이케가야 유지,《뇌는 왜 내 편이 아닌가》, 최려진 옮김, 위즈덤하우스, 2013, pp.39~42.

# 07

## 도서관에서 성적 10퍼센트 올리는 비결

진정으로 일에 몰두하고 있는 사람은 모두 삶의 모습이 단순하다.
왜냐하면 그들은 쓸데없는 일에 마음을 쓸 겨를이 없기 때문이다.[33]
– 레프 톨스토이 Lev Nikolayevich Tolstoy

✍ 도서관에서 배출한 행정고시 합격자와 서울대 의대 수석 합격자
이야기

—

얼마 전 명문대를 졸업하고 행정고시에 합격하여 고위직 공무원으로 계신 분이 나에게 했던 말이 떠오른다. 그는 도서관에 다니면서 공부하는 것을 적극 추천했다.

---

33) 레프 톨스토이, 《살아갈 날들을 위한 공부》, 이상원 옮김, 위즈덤하우스, 2018, p.33.

"공부는 도서관에서 열심히 하고, 집에서는 휴식하는 생활 습관이 최고 좋은 방법입니다. 저랑 같이 고시를 준비해 합격한 대부분은 도서관에서 공부한 사람들입니다."

이처럼 도서관을 예찬하는 이야기가 또 있다. 서울대 의대를 수석 합격해 자신도 깜짝 놀랐다는 송용섭 저자는 그가 쓴《혼자 공부법》에서 다음과 같이 밝히고 있다.

"내가 학창 시절에 본 최상위권 학생들은 모두 학원이나 학교, 독서실에서 공부했습니다. …… 그리고 서울대 의대 동기들만 봐도 집에서 공부한 친구는 손으로 꼽을 정도로 적었습니다. 나도 수업이 끝나면 무조건 도서관에 가서 문을 닫는 시간까지 공부했습니다."[34]

이처럼 도서관에서 공부해 시험에 합격한 사람들은 한결같이 도서관이 최고라고 말하고 있다.

나 역시 도서관에서 공부하는 것을 적극 추천한다. 고등학교에 입학한 이후부터 학교 독서실과 시내에 있는 도서관을 자주 다녔다. 지금도 시간이 있을 때는 퇴근길에 도서관에 잠깐 들렀다 집에

---

34) 송용섭,《혼자 공부법》, 다산에듀, 2018, p.110.

내 인생을 바꾸는 공부법

간다. 도서관을 방문하는 것이 고등학생 시절이나 공무원 시험을 준비할 때는 시험공부를 위해서였다면, 지금은 에세이, 소설, 경제 등 여러 분야의 책을 읽기 위해서이다. 또 독서를 통해 폭넓은 지식과 삶의 지혜를 얻고 싶기 때문이다. 도서관을 이용한 지 수십 년이 지났는데 변하지 않는 것을 보면 이미 몸에 밴 좋은 습관인 것 같다.

## ✍ 도서관의 좋은 점과 공부하는 법

어떤 사람들이 도서관에서 공부하면 좋을까? 도서관은 장기적인 목표를 가지고 공부하는 데 추천할 만한 최적의 장소이다. 그 이뉴는 학습 분위기 때문이다. 혼자 공부할 때는 지속성이 약해 의지대로 끌고 가기 어렵다. 하지만 도서관은 여러 사람이 공부하는 모습을 볼 수 있다. 자신도 모르게 경쟁의식과 긴장감을 가질 수밖에 없다. 또 하나는 날마다 주위 사람들이 바뀌어 지루한 분위기를 느낄 새가 없기 때문이다. 이처럼 공부는 분위기도 중요한데 이 요건을 갖춘 곳이 바로 도서관이다.

그렇다면 도서관을 어떻게 이용하면 더 좋을까? 도서관을 처음 방문한 사람이라면 주변을 둘러보며 시설을 익혀 두는 것이 좋다.

앞으로 이용할 열람실과 디지털자료실, 그리고 휴게실 등이 어디 있는지 확인한다. 그 다음은 공부할 때 집중이 잘 되고 편안한 장소와 좌석을 찾는 것이다.

도서관은 오랫동안 공부해도 지루함을 덜 느끼는 곳이지만 적절한 휴식은 공부할 때 필수 요소다. 도서관 주변에는 공원과 같이 산책할 장소가 많으므로 이용해 본다. 그리고 학교에서는 운동장을 걷거나 산책 등을 조금씩 하면 공부하는 데 필요한 집중력을 유지할 수 있다.

고대 그리스 철학자 아리스토텔레스는 공원을 산책하며 사색을 즐겼다. 그래서 소요파라고 한다. 즉 '슬슬 걷다'라는 의미이다. 천천히 걷는 이런 유산소 운동은 두뇌에 필요한 산소를 많이 공급하여 생각을 잘 떠오르게 한다. 이처럼 도서관은 이용자들에게 최고의 공부 장소이다.

### 🖋 도서관 현장 스케치
—

지난 1월 초순 어느 날 오후 4시. 바깥 날씨는 겨울철답게 맹추위를 떨치고 있었다. 그러나 도서관 열람실은 공부하는 수많은 사람의 열정으로 가득 찼고, 분위기는 엄숙했다. 가까이에 있는 한 이용자의 책장 넘기는 소리가 들려온다. 나는 조용히 통로를 지나면서 이용자들의 공부하는 모습을 잠시 동안 스케치했다.

아이패드를 책상에 두고 이어폰으로 공부하는 꽁지머리 20대 여성,
두꺼운 법전 같은 책을 펼쳐가며 공인중개사 자격증 공부를 하는
중년 남성,
가지고 온 노트북으로 동영상을 보며 영어 공부를 하고 있는 여학생,
머리카락을 한데 모아 뒷머리에 묶은 중년 여성,
문득 무슨 생각이 났는지 갑자기 펜을 움직여 메모하는 40대 남성,
'오늘은 이만!'이라고 하듯 책가방을 메고 출입문을 나가는 남학생.

이처럼 도서관 이용자는 각자 방문 목적이 다양하다. 자격증을
따기 위해, 자격증 시험 합격을 위해, 학교 시험 준비를 위해, 정
보를 얻기 위해 등.

## 🖋 변화하는 도서관

도서관은 미래를 향한다. 세상을 빠르게 변화시키고 있는 사물
인터넷, 인공지능(AI), 빅데이터 등 제4차 산업 혁명 시대에는 창
의성을 기르는 것이 생존 전략이다. 이에 따라 도서관은 세상에 쏟
아지는 지식들을 빠르게 적용하기 위해 다양한 프로그램 등을 마

련하고 있다. 생활에 필요한 주제로 초청 강연을 하고, 글쓰기나 컴퓨터 교육, 영화 감상, 독서 활동 등 문화 활동도 펼친다. 한마디로 지식과 경험을 가까이에서 쉽게 접하게 한다. 특히 아이의 독서 습관을 길러주고 싶은 엄마라면, 도서관에서 함께 동화책을 읽고 어울리는 것도 유익한 시간이 될 것이다.

또한 도서관에서는 서점처럼 신간 도서를 직접 읽을 수 있고, 책에 대한 정보를 사서로부터 직접 코칭 받을 수 있다. 병원이 건강 클리닉을 담당한다면 도서관은 독서 클리닉을 책임진다. 전자책도 무료로 읽을 수 있고, 각종 외국어 학습도 가능하다. 이런 도서관 프로그램은 이용자들에게 삶의 지혜를 주고 더 나은 세상으로 안내하며, 사회에서 경쟁력을 가지게 할 것이다.

도서관은 큰 꿈을 펼치는 '기회의 장소'이며, 수많은 책을 마음대로 넘나들며 자신의 꿈을 키울 수 있는 곳이다.

오늘부터 도서관을 이용해 보자. 모든 일의 첫걸음은 바로 오늘 시작하는 것.

**시골박사의 한마디!**

최고의 능력을 발휘하는 방법

- 어떻게 하면 나의 능력을 최대한 발휘할 수 있을까? 이에 대해 하버드 의대에서 박사 학위를 취득하고 현재 UCLA 의대에서 정신과 임상교수로 재직하고 있는 대니얼 J. 시겔과 마인드사이트연구소의 티나 페인 브라이슨은 저서 《내 아이를 위한 브레인 코칭》에서 "본능과 감정을 나타내는 하위 뇌와 상상과 계획 등을 담당하는 상위 뇌를 서로 통합하였을 때 최고의 능력을 발휘할 수 있다."[35]라고 했다.
- 따라서 공부는 이성적으로만 하는 마음 자세보다는 능동적인 감정까지 어우러졌을 때 최고의 효과를 거둘 수 있다.

---

35) 대니얼 J. 시겔 · 티나 페인 브라이슨, 《내 아이를 위한 브레인 코칭》, 김아영 옮김, RHK, 2012, pp.87~90.

Chapter 3  행동을 이끄는 마음: 동기 부여                    153

# 08 스마트폰을 이기는 세 가지 비결

그건 내가 아주 똑똑해서가 아니라
단지 문제들을 더 오래 붙들고 있기 때문이다.[36)]
- 알버트 아인슈타인 Albert Einstein

### ✎ 스마트폰에 빠진 우리들

우리가 스마트폰에 얼마나 빠져 있는지 확인할 수 있는 곳이 있다. 바로 지하철이다. 칸마다 승객들이 꽉 차 있는데 아주 조용하다. 스마트폰을 들여다보고 있기 때문이다. 인터넷을 보는 어른, 게임하는 아이들, 카톡을 보내느라 손가락을 빠르게 두드리고 있

---

36) 칼 오너리, 《슬로씽킹》, 박웅희 옮김, 쌤앤파커스, 2014, p.393.

내 인생을 바꾸는 공부법

는 학생들……, 콩나물시루처럼 가득 메운 출퇴근 시간대도 마찬가지. 나도 시간이 나면 스마트폰에서 메시지를 확인한다. 스마트폰은 우리 손을 떠나지 않는다. 공부하는 자녀를 둔 많은 부모들이 스마트폰에 대한 고민을 털어 놓는다.

"아이가 하라는 공부는 하지 않고 스마트폰에 빠져 있어요."

"한 대 쥐어박고 싶을 때가 한두 번이 아니에요."

이처럼 우리는 소셜미디어와 모바일 게임 등에 빠져 있다. 스마트폰은 유용한 정보를 찾아주고 의사소통 역할을 하는 필수품이다. 하지만 우리의 많은 것을 빼앗고 있다. 특히 시간이다. 공부하는 시간, 대화를 나누는 시간, 일하는 시간 등…….

### ✐ 스마트폰에 빠진 원인

스마트폰에 빠진 원인은 이런 것이 아닐까? 무엇보다도 스마트폰을 통해 쉽게 즐길 수 있는 것이 많다는 점이다. 잠을 자지 않고 버틸 수 있을 정도로 짜릿한 게임, 혼자 있을 때 외로움을 해소할 만한 흥미진진한 영화, 시험공부로 스트레스 받는 사람들에게 잠시 기분 전환할 콘텐츠도 제공한다. 스마트폰을 접하는 시간은 갈수록 늘어날 전망이다. 그만큼 스마트폰 중독 현상도 늘어날 것이다.

## 🖋 스마트폰을 이기는 세 가지 방법

―

그렇다면 공부하는 사람이 스마트폰에 대한 자기 통제력을 기를 수 있는 방법은 무엇일까. 이에 대해 나는 스스로 스마트폰을 유용하게 사용하는 다음과 같은 세 가지 방법을 권하고 싶다.

첫째, 집에서 공부할 때 스마트폰을 꺼둔다.
공부하는 시간에는 스마트폰을 꺼두는 습관이다. 물론 학교나 도서관 등 바깥에서 집에 돌아와 공부를 하는 시간에도 스마트폰을 끈다. 특히 초등 5·6학년이나 중학생이 집에 있는 경우라면 시간을 정해 놓고 스마트폰 사용을 허용한다. 집에 있을 때만이라도 이런 습관이 몸에 배면 공부하는 사람들에게는 매우 유익하다. 취업을 준비하는 사람도 마찬가지다. 공부할 때 스마트폰에 전혀 신경 쓰지 않아 집중력을 높일 수 있다. 나는 퇴근 후 집에 돌아오면 스마트폰을 꺼두고 책을 읽는다. 예전보다 독서량이 훨씬 늘었다. 하지만 이런 습관이 몸에 배려면 스마트폰을 보고 싶어도 이겨내는 의지가 필요하다. 습관이 몸에 배면 그동안 스마트폰으로 잃어버렸던 많은 시간과 생산적인 활동 등을 찾을 수 있다. 물론 잠자기 전에는 반드시 스마트폰을 끄고 잔다. 스마트폰 때문에 잠에서 깨는 일을 막기 위해서이다.

둘째, 도서관이나 독서실에서 공부할 때도 스마트폰을 꺼둔다.

요즘 학교에서는 수업을 마칠 때까지 스마트폰을 보관하고 있어 공부에 지장을 받지 않는다. 문제는 도서관이나 독서실 등에서 공부를 할 때다. 이때 스마트폰을 끄는 것은 공부하는 사람들에게 매우 유용하다. 공부하는 시간 동안 스마트폰으로 받는 방해를 차단할 수 있기 때문이다. 친한 사람에게는 이 습관을 미리 이야기하여 양해를 구한다. 그리고 가족이나 누군가에게 전할 메시지가 있다면 남기고 꺼 놓는 것이다. 공부를 주말에도 해야 한다면 스마트폰 끄는 시간을 늘려 간다.

하버드대 의대 에드워드 할로웰(Edward Hallowell) 교수는 '화면 중독을 줄이는 방법으로 시간을 따로 마련하라.[37]'고 주장한다. 그는 아침이나 저녁 등 자신에게 알맞은 시간을 정해서 전자기기를 꺼둘 것을 권하고 있다.

셋째, 주의력 향상을 위해 운동을 하는 것이다.

스마트폰에 빠진 사람들은 어떻게 구할 것인가? 애리조나 의대에서 임상교수를 지낸 루시 조 팰러디노(Lucy Jo Palladino) 박사는 그가 쓴 《스마트폰을 이기는 아이》에서 아이의 주의력을 향상시키

---

37) 에드워드 할로웰, 《하버드 집중력 혁명》, 박선령 옮김, 토네이도미디어그룹, 2015, p.64.

는 방법으로 '운동을 하라. [38]'고 권한다.

이에 대해 나는 다음과 같은 이야기를 하고 싶다. 우선 운동을 취미로 하는 것이다. 운동은 좋아하는 종목으로 선택한다. 농구, 축구, 요가, 산책, 배드민턴 등을 추천한다. 자전거 타기나 헬스도 좋다. 이런 취미 활동을 가족과 함께 한다면 더욱 즐거운 시간이 될 것이다.

운동은 누구에게나 즐거움을 준다. 그래서 흥미를 갖고 계속해서 할 수 있다. 주위에 마라톤이나 테니스 등 운동에 빠진 사람들은 이렇게 말한다.

"운동은 즐거움을 줍니다."

"스트레스를 풀 수 있어 더 좋습니다."


가령 유아나 초등학교 저학년을 둔 부모라면 아이가 좋아하는 놀이를 함께 한다. 놀이에는 퍼즐 맞추기, 찰흙놀이, 역할놀이(의사와 환자역할, 교사와 학생), 음식 만들기 등이 있다.


정리해 보면, 스마트폰은 우리 생활을 매우 편리하게 한다. 하지만 편리한 것에 지나치게 빠지면 그에 못지않게 중요한 것을 잃

---

38) 루시 조 팰러디노, 《스마트폰을 이기는 아이》, 이재석 옮김, 마음친구, p.118.

게 된다. 따라서 스마트폰에서 느끼는 만족 등을 자제하는 자기 통제력, 충동 조절력 등이 필요하다. 이것을 전문가들은 인지조절(cognitive control)이라 한다. [39] 우리가 인지조절 능력을 키우려면 고쳐야 할 습관 대신 무언가를 찾아서 그것이 습관이 되도록 반복해야 한다. 그러다보면 어느 시점에서 자연스럽게 습관이 된다. 이것이 스스로 자신의 능력을 키우는 길이고, 자신의 삶을 원하는 방향으로 변화시키는 방법이다.

📢 시골박사의 한마디!

건강한 뇌를 위해서는 어떻게 하면 좋은가?

- 서울대 생명과학부 강봉균 교수는 그의 저서 《뇌,약,구,체》에서 건강한 뇌를 가지기 위한 다음과 같은 사항을 소개하고 있다. 공부한 것을 제대로 기억하기 위해서는 충분한 수면이 필요하고, 심장에서 나오는 혈액의 4분의 1이 뇌로 가기 때문에 운동을 하는 것이 좋다고 했다. 또한 뇌의 영양분인 단백질과 칼슘을 섭취하여 시냅스 성장을 돕는 것이 건강한 뇌를 유지하는 방법이라고 했다. [40]
- 결국 뇌 건강을 위해서는 충분한 수면과 꾸준한 운동, 그리고 뇌에 좋은 음식을 섭취하는 것이 좋다.

---

39) 루시 조 팰러디노, 《스마트폰을 이기는 아이》, 이재석 옮김, 마음친구, 2018, p.9.
40) 강봉균 외 6명, 《뇌,약,구,체》, 도서출판 동아시아, 2013, pp. 99~100.

## 겨울은 소리없이 오고 있었다

오늘도 평소처럼
병에서 한 스푼 코코넛 오일을 조심스럽게 따르고 있었다.
그런데 어찌된 일인지 오일이 흘러나오지 않았다.
분명히 어제까지도 잘 나오던 오일인데.
다시 한 번 오일이 담긴 병을 기울여 봤다.
그래도 오일은 한 방울도 나오지 않았다.

벌써 떨어졌나 하고 병 안을 들여다 봤다.
그런데 어찌된 것인가.
어제까지도 투명한 오일이
밤사이 얼음같은 고체로 변해있지 않는가.
하룻밤 새 액체가 고체로 변한 것이다.

아~ 벌써 겨울인가.
소리없이 추운 겨울이 오고 있었다.
어제까지도 가을이었는데.
밖에서 산책도 하고 등산도 하며 지냈는데.
눈이 내리는 겨울이 오고 있다니.

오늘도 어제처럼 똑같게만 느껴지는데.
우리가 느끼기도 전에.
오일은 어젯밤에 다가온 추위를 느낀 것이다.

온도 차이를 빨리도 알아챈 오일.
우리보다 한 발 앞서 깨달은 것이다.

오늘 아침 얼어버린 코코넛 오일은
나에게 소중한 메시지를 던졌다.
따뜻한 날도 어느 날 차가운 날로 바뀐다는 것을.
코코넛 오일이 하루 만에 액체에서 고체로 변하듯이.

찬바람이 불고
눈이 내릴 때
얇은 옷을
두꺼운 옷으로 갈아입듯이
그렇게 하루하루가 변하고 있음을.

봄이 오면 항상 봄인 것만 같고,
가을이면 끝없이 맑은 날씨가 계속될 줄 알았는데.

시간은 우리에게
시간을 어떻게 보내야 하고,
미래를 어떻게 준비해야 하는지를 일깨워 준다.

모두 모두
스스로 미래를 준비할 때,
추운 겨울은
우리에게 포근한 눈을 전할 것 같다.

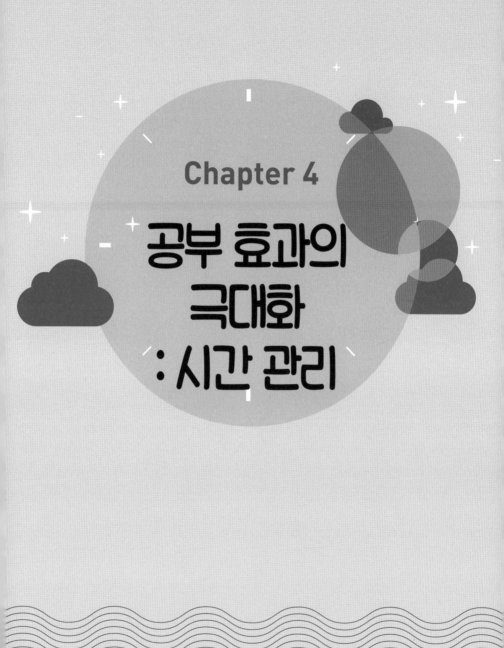

Chapter 4

# 공부 효과의
# 극대화
# : 시간 관리

내 인생을 바꾸는 공부법

# 01 '시간이 없다'는 말

시간의 걸음걸이에는 세 가지가 있다.
미래는 주저하면서 다가오고, 현재는 화살처럼 날아가고,
과거는 영원히 정지하고 있다.
– 프리드리히 폰. 실러 Friedrich von Schiller


'하버드 1학년생들에게 가장 중요한 일은 시간 관리법을 익히는 것이다. 꼭 해야 하는 일과 하고 싶은 일을 어떻게 균형 있게 안배할 것인가를 배워야 한다.'[41]

위 내용은 강인선의 《하버드 스타일》에 나온 이야기다. 그가 서울대를 졸업하고 세계 최고 교육 기관인 하버드 케네디스쿨을 다니면서 체험한 것이다.

---

41) 강인선, 《하버드 스타일》, 웅진지식하우스, 2014, p.86.

우리는 누구나 같은 시간을 보내고 있다.

나도 고등학생 시절 3년 동안 나름대로 열심히 공부했다.

그런데 2월 졸업식이 있기도 전에 내 꿈은 완전히 무너져 버렸다.

대학 입시에 떨어진 것이다.

인생의 방향을 찾을 수 없었다.

가려던 길이 막힌 것이다.

게다가 재수를 할 수 있는 여건도 아니었다.


그래서 자취방에서 조용히 머물렀다.

그때가 나의 암흑기였다.

그런다고 나의 인생을 시들게 하고 싶지는 않았다.


그때 나는 뉘우쳤다.

시간을 더 잘 보냈어야 했다고.

'시간이 없다'는 말을 조금은 인정한다.

그런데 지금 생각해보면, 그렇게 받아들이고 싶지 않다.

왜냐하면 '시간이 없다'고 해도 제때 밥은 먹었고,

'시간이 없다'고 해도 '하고 싶은 것'은 하면서 지금까지 살고 있지 않는가.

그렇다면 이제부터는 '시간'에 대해 이렇게 생각해 보면 어떨까.

'시간이 없다'고 하지 말고,

'하기 싫다'고 하는 말이 더 옳은 것이라고.


그래서 오늘부터는 '바쁘다', '시간이 없다'라는 말 대신

'바쁘지만 시간을 내어 볼까'라고 하면서

작은 일부터 가벼운 마음으로 시작해 보면,

틈새가 보이지 않을까.

그러다 잘 안 될 때 한 번쯤

독함이 필요하다고 스스로 다짐하면서.


이번에는 '시간이 없다'는 생각을

'시간은 있다'라고 바꾸면 어떨까.

그러면 조금이라도 하고 싶은 것들을 더 많이 할 수 있을 것 같다.


돌이켜 생각하면 그 당시 나의 잘못을 뉘우친다.

'시간이 정말 없었던 것'이 아니고,

'마음먹기에 달려 있었다'고.

### 시골박사의 한마디!

효율적인 틈틈이 공부법

- 서울대 법학부를 졸업한 한재우는 그의 저서 《혼자하는 공부의 정석》에서 '틈틈이 공부하는 비결'을 다음과 같이 전하고 있다. 공부하는 사람은 언제, 어디서나 1분 동안의 여유가 있을 때도 공부한다. 이런 차이가 성적으로 나타난다고 했다. 그는 이를 위해 잘 외워지지 않는 것은 수첩에 적어 버스를 기다릴 때도 봤고, A4용지를 16등분해 암기카드로 활용하였다[42]고 했다.

- 이처럼 공부하는 사람이라면 공부한 내용이 언제 어디서나 머릿속에서 떠나지 않도록 하는 것이 좋다. 그것이 성적을 끌어 올리는 지름길이다. 나는 평소 호주머니에 펜과 A4용지를 8등분으로 접은 메모지를 가지고 다닌다. 언제 어디서나 기억하고 싶은 것이나 중요한 정보, 그리고 떠오르는 생각 등을 그때그때 메모한다. 그리고 수시로 본다. 이 습관은 시간을 최대한 활용하여 공부하는 데 효율적인 방법이다.

---

42)  한재우, 《혼자하는 공부의 정석》, 위즈덤하우스, 2018, pp.223~225.

# 02 오전 1시간 vs 오후 1시간

> "배우는 법을 아는 것이야 말로 가장 중요한 배움이다"[43]
> ― 前 하버드대 총장 로렌스 서머스 Rawrence Summers

오전 1시간과 오후 1시간은 똑같다.

양적으로 같다는 의미이다.

하지만 좀 더 깊게 생각해 보면

엄연히 다르다.

물론 사람마다 다를 수 있겠지만

질적인 차이가 있다는 것이다.

---

43) 윌리엄 데제저위츠, 《공부의 배신》, 김선희 옮김, 다른, 2015, pp.225~226.

하루 가운데 공부가 언제 가장 잘 되는가.

아침 시간? 저녁 시간?

내 경우는 아침 시간이다.

좋은 점은 우선 잡념이 없다는 것이다.

집중이 잘 되어 속도를 낼 수 있다.

독서할 때 이해가 잘 되어 책장을 빨리 넘긴다.

특히 생각을 깊게 하는 분야일수록 효과적이다.


아침 시간 공부량은 저녁 시간 공부량에 비교해 볼 때

차이가 크다는 것을 실감한다.

그래서 나는 아침 시간은 중요한 일을 우선적으로 계획하고,

저녁 시간에 일반적인 일을 한다.


이처럼 머리가 맑은 시간대를 잘 활용하는 사람이

자신의 계획을 잘 실천한다.

그리고 많은 목표를 달성할 수 있다.

이것이 성취감으로 이어져 자신감까지 북돋아 준다.

이 습관은 경쟁력을 갖는 데 매우 유용하다.

특히 두뇌를 쓰는 일을 하고,

공부하는 사람들에게 적극 권하고 싶다.

내 인생을 바꾸는 공부법

《1Q84》, 《기사단장 죽이기》 등의 소설로
유명한 무라카미 하루키 작가는 자신에게 소중한 글을
아침에 쓰고 저녁에는 운동이나 독서를 한다고 했다.
이처럼 똑같은 시간도 효율적으로 쓸 줄 아는 사람이
점점 앞서 나갈 수 있다.

 **시골박사의 한마디!**

세계 기억력 챔피언이 전하는 이야기

세계 기억력 챔피언십(World Memory Championship)에서 여덟 번이나 우승한 도미니크 오브라이언(Dominic O'Brien)은 그의 저서 《뇌가 섹시해지는 책》에서 다음과 같이 기억력을 훈련시키는 데는 몸과 머리 두 가지 단련이 필요하다는 것을 강조하고 있다. [44]

"수년 동안 기억력 대회에 참가하면서 나는 편안하고 육체적으로 건강한 사람들이 훌륭한 실력을 보여 준다는 사실을 알게 되었다. 경험상 나는 내가 가장 훌륭한 실력을 발휘했을 때가 두뇌 훈련뿐만 아니라 신체까지 관리했을 때였다고 단언할 수 있다." 결국 탁월한 학습 능력을 발휘하는 데는 두뇌와 신체가 건강했을 때다.

* 최고의 실력 발휘 : 두뇌 훈련 + 건강 관리

44) 도미니크 오브라이언, 《뇌가 섹시해지는 책》, 김지원 옮김. 비전코리아. 2015. p.203.

# 03
## 절대적 시기와
## 세상의 흐름

그대는 당신 운명의 설계자다.
저자이며 이야기꾼이다.
펜은 당신 손에 있고, 결과는 당신의 마음에 달려 있다.
- 리사 니콜스 Lisa Nichols

## 🖋 절대적 시기

—

"더 빨리 달리고 싶었다. 그러나 몸이 말을 듣지 않았다."

세계 '단거리 황제'인 우사인 볼트(자메이카)가 한 말이다.

우사인 볼트는 2017년 8월 6일 영국 런던 스타디움에서 열린 국제육상경기연맹(IAAF) 세계육상선수권 남자 100m 결승전에서 생각하지도 못한 동메달을 목에 걸어야 했다. 그는 경쟁자 개틀린(미국)

에게 금메달을 내 주었다. 성적 차이는 눈 깜박할 차이, 딱 0.03초였다. 금메달은 9초 92(저스틴 개틀린, 35세), 은메달은 9초 94(미국의 크리스티안 콜먼, 21세), 그의 성적은 9초 95였다. 은퇴를 선언한 우사인 볼트. 자메이카의 자부심이 무너진 순간이다.

볼트는 2008년 베이징올림픽(2관왕) 때부터 지금까지 10년 동안 결선에서 1위를 놓친 적이 없었다. 결선 19번에서 19번 금메달을 목에 건 번개 같은 선수였다. 하지만 세계적인 선수도 나이가 드니 자신의 몸을 이기지 못한 것이다. 그는 "이제 경기장을 떠날 때가 된 것 같다."며 깊은 아쉬움을 남겼다.

우사인 볼트는 12살부터 육상 선수 생활을 하기 시작했으나 처음에는 예선에서 탈락하는 등 이름을 알리지는 못했다. 그는 선천적으로 허리가 휜 척추측만증이 있었다. 육상에서는 치명적인 결점이 있었던 것이다. 하지만 그는 2004년 어느 날 평생 잊을 수 없는 사람을 만난다. 바로 글렌밀스 코치이다. 그를 만나면서 볼트는 '번개', '황제'라는 별명이 따라붙는 세계적인 선수가 되었다.

치명적 결함에도 불구하고 그는 어떻게 빨리 달릴 수 있었을까? 가장 큰 무기는 다리 길이였다. 그는 긴 다리를 과학적으로 분석해 더 멀리 뛰는 방법을 개발했다. 그것은 지금까지의 보폭을 조금 늘리는 방법이었다. 보통 선수들이 100m를 43~45걸음에 뛰는데

비해, 볼트는 41걸음만으로 100m를 더 빨리 달릴 수 있었다. 이러한 볼트의 주특기는 그가 10년간 세계적인 선수로 활약하게 만들었다.

여기서 우리는 짚고 넘어가야 할 것이 있다. 볼트가 말한 '나이'이다. 많은 젊은 사람들은 '현재처럼 항상 힘이 있고 건강할 것'이라는 생각을 한다. 나도 그랬다. 그래서 마음만 먹으면 언제든지 공부하면 되고, 무엇이든 해낼 수 있다고 착각했다. 사실은 그렇지 않다. 우사인 볼트의 사례를 봐도 이를 인정해야 한다. 인간은 25세를 기준으로 서서히 체력이 떨어진다. 이때 체력과 함께 두뇌의 속도와 역량도 떨어진다.

공부는 두뇌와 신체적 왕성한 힘에 따라 능률이 크게 결정된다. 몸과 두뇌, 이 두 가지는 달리는 자동차의 바퀴와 같다. 한 쪽만 약해져도 오래 지속할 수 없다. 다시 말해 두뇌와 몸을 왕성하게 유지해야 한다는 것이다. 체력과 두뇌를 최대한 활용해야 할 시기는 젊었을 때다.

## ✒ 세상의 흐름과 대비

우리는 빅데이터, 인공지능(AI), 드론, 자율 주행차, 원격 의료 등이 핵심으로 떠오르는 제4차 산업 혁명 시대를 맞이하고 있다. 이런 시대에 빠르게 부상하고 있는 기업이라면 데이터를 이용해 다양한 사업을 발굴하고 있는 구글, 페이스북, 아마존, 그리고 애플 등이 있다. 이 기업들은 앞으로 전개될 제4차 산업 혁명 시대에서 선두 다툼을 하고 있다. 기존에 없던 새로운 기술과 비즈니스를 계속해서 발굴하여 세상에 내놓을 것이며, 이를 위해 세계 명문대 학생들을 유치하려고 애쓰고 있다. 특히 전기나 전자, 그리고 컴퓨터 관련 전공자를 우대하고 있다. 이런 추세는 이 분야가 필요한 세계가 다가왔음을 반영하고 있는 것이다.

잠시 우리나라 이야기를 해 보자. 1970년대까지만 해도 우리나라 의대에서는 산부인과가 인기가 높았다. 지금은 어떠한가. 산부인과를 전공할 학생은 거의 없다. 대부분 인기학과인 성형외과나 피부과 등을 전공한다. 또 요즈음 애완동물을 키우는 사람이 많아지자 수의학과가 인기를 끌고 있다. 수능 점수도 꽤나 높아야 입학할 수 있다. 이처럼 세상의 흐름에 따라 학과 인기도 달라져 가고 있지 않은가.

그렇다면 우리는 어떻게 대비하는 것이 바람직할까. 일단 미래에 대한 정보를 얻기 위해 평소 노력을 아끼지 않아야 한다. 변화하는 세상에 대한 감각을 키우기 위해서는 매일 신문을 읽는 것도 좋다. 신문을 통해서 자신이 궁금해 하는 분야가 어떻게 변화해 가는지를 파악한다. 그리고 어떻게 변화할 것인지도 나름대로 구상해 본다.

또 한 가지는 미래에 떠오르는 분야에 대한 정보를 얻기 위해 관련된 책을 읽는 것이다. 책을 읽다보면 문득 '이것이다.' 하는 정보를 얻게 된다. 이것을 좀 더 깊이 분석하기 위해 관련 도서를 찾아 읽다보면 자신이 얻고자 하는 방안들을 찾을 수 있다. 이를 토대로 자료를 분석하면, 분석된 자료는 자신에게 소중한 지식이 된다.

개인도 기업과 마찬가지로 이 시대를 앞서가기 위해서는 변화와 혁신이 절실히 필요한 시점이다.

내 인생을 바꾸는 공부법

**시골박사의 한마디!**

나를 변화시키는 습관의 힘

- 습관이 인생을 변화시킨다. 이런 습관을 내가 원하는 방향으로 바꾸려면 어떻게 해야 할까? 미국의 심리학자 윌리엄 제임스(William James)는 '우리 삶은 인정한 형태를 띠는 습관 덩어리이다.'라고 했다. 우리는 매일 하는 일에 대해 신중하게 선택해서 활동하고 있다고 생각하지만 실제로는 그렇지 않고 대부분이 습관이라는 것이다. 듀크대 연구진이 2006년에 발표한 논문에서도 '우리가 매일 행하는 행동의 40퍼센트가 의사 결정의 결과가 아니라 습관 때문이었다.'라고 밝히고 있다.[45]

- 나는 메모하는 습관이 있다. 이런 습관은 내 기억을 되살리는 최고의 도구가 되었다. 특히 중요한 학습 정보를 기록하는 습관은 지식을 쌓는 데 큰 도움이 된다. 이처럼 나를 변화시키는 습관은 삶을 점진적으로 성장시키는 유용한 자산이다.

---

45) 찰스 두히그, 《습관의 힘》, 강주헌 옮김, 갤리온, 2016, pp.10~11.

# 04 수능 만점 학생의
## 세 가지 학습 방법

창의성은 그냥 사물을 연결시키는 것이다.
– 스티브 잡스 Steve Jobs

2017년 11월 23일 대학수학능력시험이 전국에서 치러졌다. 시험을 채점해 본 결과 대구광역시의 한 학생이 만점을 맞았다. 전국 수험생 가운데 가장 빛나는 하나의 별이 탄생한 것이다. 영광의 수석 영예를 안은 그의 평소 생활 습관과 태도는 어떤지 알아보고, 여기서 얻을 것이 무엇인지를 살펴보자.

만점을 맞았다는 것, 즉 시험 문제를 하나도 틀리지 않은 것은 정말 대단한 실력이다. 그는 인터뷰에서 지금까지 대학 입시를 위

내 인생을 바꾸는 공부법

해 공부한 학습 노하우를 말했는데, 다음과 같은 세 가지 방법으로 정리할 수 있다.

첫째, 학습할 목표량을 정해 놓고 공부했다는 점이다.

문제집을 사면 하루에 몇 문제를 풀지 학습량을 정했다. 어떤 일이 있어도 그날 꼭 마치는 전략이었다. 자신이 스스로 정한 목표이므로 능동적으로 노력한다. 매일 정한 학습량을 마치고 나면 마음이 개운해지고 만족감도 생긴다. 이런 날이 계속되면 공부는 지루하지 않고 자신감이 넘치는 생활을 할 수 있다.

둘째, 모르는 문제가 나오면 선생님께 물어 보는 습관이 있었다.

물론 여기서 중요한 사실이 있다. 선생님으로부터 설명을 듣고 나면 금방 이해가 되지만, 뒤돌아서면 문제를 풀 수 없을 때가 많았다. 그럴 때마다 그는 혼자서 모르는 문제를 붙잡고 풀릴 때까지 애를 썼다고 했다.

마지막, 잠을 충분히 잤다는 점이다.

그는 수험생인데도 잠을 줄이지 않았다고 했다. 하루에 7시간씩을 잤다. 충분한 잠은 오히려 공부하는 데 효과가 컸다고 했다. 왜 그럴까? 잠이 쌓여있는 피로를 풀어줬기 때문이다.

앞에서 설명한 이 세 가지에 대하여 과학적 분석을 해 보면 다음과 같다.

첫째, 목표에 관한 것이다. 목표가 세워지지 않으면 마음이나 태도가 느슨해진다. 목표는 아이이든 어른이든 간에 필요하다. '몰입'의 창시자 칙센트미하이 전(前) 시카고대 교수는 우리가 흔히 말하는 몰입 또는 어떠한 일에 집중하기 위해서는 세 가지 요소가 필요하다고 했다. 이 세 가지 가운데 하나가 목표를 정하는 것이다. 목표를 정하면 우리는 그것을 이루기 위해 행동을 한다. 그런데 목표가 자신이 이루기 힘든 정도의 난이도면 당황하거나 불안감이 커져 이룰 수 없다는 것이다. 따라서 목표량은 자신이 할 수 있는 만큼 적당해야 한다고 했다. 이것을 보더라도 만점을 맞은 학생이 세운 학습 전략은 뇌 과학자들이 강조한 대로 학습을 수행한 것임을 알 수 있다.

둘째, 질문에 대해 기억할 만한 사실이 있다. 공부할 때 어떤 문제를 이해했다고 하더라도 막상 혼자 그 문제를 직접 풀어보려면 잘 안 풀리는 경우가 많다. 이런 경험을 해 봤을 것이다. 왜 그럴까? 그 이유를 뇌의 원리를 통해 이해해 보자. 우리가 어떤 까다로운 문제를 이해한다는 것은 뇌의 신경 세포가 서로 연결되어 조합을 이룬 상태를 의미한다. 하지만 뇌는 살아있는 세포이기 때문에 금방 세포의 연결고리가 흐트러진다. 그래서 이해가 되었다 할지라도 풀 수 없는 것들이 생긴다. 따라서 모르는 문제를 풀기 위해 많은 시간을 보내는 것은, 신경 세포가 잘 연결되고 시냅스가 두터워져서 오랫동안 잊어버리지 않는 것이다.

셋째, 우리 뇌는 잠자는 동안에도 낮에 들어온 정보와 경험을 저장한다. 또한 잠은 평소 스트레스 등으로 훼손된 세포를 재생하여, 다음 날 왕성하게 활동할 수 있도록 몸의 기능을 회복시켜 준다. 이런 역할을 하는 수면 시간을 빼앗으면 재생되지 않는 세포들이 제 기능을 발휘할 수 없다.

이를 정리해 보면, 뇌의 원리를 잘 이해하고 이것을 공부에 활용하면 효과가 높아진다. 우수한 성적을 내는 학생들은 학습 효과가 높은 생활 습관을 가지고 있다. 공부한 것을 반복하는 습관, 스스로 어려운 문제를 푸는 습관, 몸의 건강 상태, 즉 컨디션이 가장 좋은 상태를 유지하면서 공부를 한다. 이런 습관이 몸에 배면 나날이 학습 효과가 커져서 좋은 성적을 낼 수 있다.

**시골박사의 한마디!**

기억을 위한 수면의 힘

- 수면은 정보 저장에 매우 중요한 역할을 한다. 이에 대해 인지심리학자인 몬트리올 맥길대 대니얼 레비틴(Daniel J. Levitin) 교수는 새로운 정보는 기존의 정보와 통합될 시간이 필요한데, 이 역할을 수면이 한다고 했다. 가령 전날 밤에 풀리지 않았던 문제가 아침에는 술술 풀리고, 하룻밤을 자고 난 다음에 음악가의 연주 실력이 향상되는 것은 수면이 큰 역할을 하기 때문이라고 강조한다.[46]
- 수면을 잘 활용하는 방법도 공부 효과를 높인다. 여기서 덧붙일 게 있다면 잠자기 직전에 봤던 공부 내용을 아침에 일어나자마자 한 번 더 읽어보는 것이다. 반복 학습은 기억하는 데 큰 도움이 된다. 아울러 새로운 정보를 기존의 정보와 연계하여 학습하면 머릿속에 훨씬 오래 남는다는 사실을 기억하면 좋겠다.

---

46) 대니얼 레비틴, 《정리하는 뇌》, 김성훈 옮김, 미래엔, 2015, pp.276~278.

내 인생을 바꾸는 공부법

# 05 아이디어의 힘

내 눈에는 무한한 잠재력과 무한한
가능성이 있는 미래가 보인다.
인간이 잠재력의 고작 5% 밖에
활용하지 않고 있다는 점을 명심하라.
– 존 해길린 John Hagelin

1818년 프랑스. 3살 소년이 송곳을 가지고 놀다 사고로 왼쪽 시력을 잃었다. 불행하게도 다음 해 감염으로 오른쪽마저 실명한다. 하루아침에 밤하늘 별빛도 볼 수 없게 된 것이다. 하지만 그는 맹아 학교를 다니며 3년간의 노력 끝에 볼록한 점 여섯 개를 활용하여 알파벳 26자를 표시하는 격자 체계를 개발했다. 그가 바로 점자를 만들어 시각 장애인에게 새로운 세상을 열어준 프랑스의 루이 브라유(Louis Braille)다.

이처럼 아이디어는 세상의 빛과 같은 역할을 한다. 요즈음 세상은 빠른 속도로 변화하고 있다. 인공지능(AI)이 바둑으로 사람을 이기고, 드론이 교통 단속을 하는 세상이 되었다. 결국 세상은 사람의 아이디어가 만들어 낸 창작품들로 이루어진 것이다. 그러나 이런 창작품이 하루아침에 만들어진 것처럼 보이지만 과거 기술에 새로운 아이디어를 융합하여 가치를 높인 것이다.

역사적 기록에 의하면 인류는 아프리카에서 시작되어 아시아와 유럽 그리고 중동으로 이동하며 정착했다. 이들은 수렵과 채집으로 200만 년을 살았고, 농업 혁명으로 정착 생활이 가능했다. 그리고 산업 혁명과 지식 산업 혁명을 통해 더욱 편리한 생활이 가능해진 오늘에 이르렀다.

지금 우리에게 다가온 4차 산업 혁명도 사람이 만들고 있는 셈이다. 미래 세계는 지금보다 더욱 빠르게 다가올 것이다. 여기서 빠지지 않는 필수 요소가 있다. 바로 아이디어이다.


그렇다면 아이디어를 잘 만들어낼 수 있는 방법은 무엇일까? 그것은 바로 기록이다. 책이나 신문 혹은 영화 속 어떤 정보도 좋다. 머릿속에 '이것은 기억할만한 내용이다.'라고 생각되면 노트나 메모지 등에 기록하고 수시로 읽어보는 것이다. 그러면 의식적이든 무의식적이든 좋은 아이디어가 문득 떠오른다. 마치 아르키메데스가 목욕을 하다가 '아르키메데스의 원리'를 발견했듯이. 이런 발견을 마인드 포핑(mind popping)이라고 한다. 마인드 포핑은 해결 방안 혹은 아이디어가 일정한 잠복기를 거쳐 나타날 때 발생한다.[47] 따라서 어떤 정보를 놓고 반복해서 생각하면 밤하늘에 번쩍하는 번개의 섬광과 같은 혁신적인 아이디어가 탄생한다.

특히 아이디어는 여러 사람의 다양한 의견을 모아 기존 기술과 융합할 때 큰 힘을 발휘한다. 그래서 몇 년 전부터 우리 교육에서도 혼자 공부하는 틀에서 벗어나 함께 모여 문제를 풀어가는 교육 방식을 도입하고 있다. 선진국과 이스라엘에서는 이 제도가 정착된 지 오래다. 국가뿐만 아니라 기업도 여러 사람의 아이디어를 모아 기업 생산성을 높이는 전략을 꾀한다. 아이디어는 소중한 자산이다. 아이디어가 세상을 변화시키는 큰 디딤돌 역할을 하기 때문이다.

사회는 사람들의 아이디어를 더욱 발전시켜가며 완성된다. 그러므로 공동 전략이 필요하다. 미국 스탠퍼드대 버나드 로스(Bernard Roth) 교수는 '한 집단에서 이루어지는 브레인스토밍은 혼자만의 생각에서 벗어나 다른 사람들의 생각을 기반으로 생각을 쌓아올릴 수 있다는 것이 장점이다.'라고 했다.[48]

---

47) 마이클 미칼코, 《100억짜리 생각》, 위즈덤하우스, 박종안 옮김, 2011, p.111.
48) 버나드 로스, 《성취 습관》, 신예경 옮김, 시공사, 2016, p.137.

오늘날 우리는 사회가 무엇을 원하고 있는지를 새로운 방식으로 접근해야 한다. 이를 위해서는 새로운 기술의 수용과 함께 공공의 이익을 위한 모색이 필요하다. 따라서 아이디어는 개인의 발전과 국가의 미래를 티핑 포인트(극적인 변화의 순간)하는 역할을 한다.

 **시골박사의 한마디!**

순간을 놓치지 않고 메모하는 사람이 아이디어를 잡는다

- 메모는 공부할 때 매우 중요한 역할을 한다. 메이지대 사이토 다카시 교수는 다음과 같은 메모 습관을 강조하고 있다. [49]
  첫째, 좋은 질문이 아이디어를 탄생시킨다. 스스로에게 질문하라.
  둘째, 순간을 놓치지 말고 메모하고 또 메모하라.
  셋째, 서로를 비교하여 공통점과 차이점을 발견하라.
- 기록이 두뇌를 이긴다. 성공한 사람들의 공통점은 평상시 메모하는 습관이었다. 메모가 성공의 길로 안내한 것이다. 스마트폰이든 노트든 상관없다. 기록하는 습관은 평생을 함께 할 가치가 있다.

---

49) 사이토 다카시, 《사이토 다카시의 시간관리 혁명》, 이용택 옮김, 도서출판 예인, 2015, pp.108~117.

내 인생을 바꾸는 공부법

# 06 떠오르는 공부, 메모 습관의 힘

나는 책을 읽을 때 흥미롭거나 중요하다고 생각하는 부분에
밑줄을 치고 그 문장을 노트에 그대로 옮겼다.
그런 다음 그 부분에 대한 내 생각을 다른 색상의 펜으로 적었다.
- 의학박사 M. 스콧 펙 M. Scott Peck

어느 날 나는 문구사에 들어갔다. 한참 고르다 눈에 들어 온 메모 노트를 샀다. 신문에서 그냥 스쳐 가기는 아까운 의학 상식이나 책을 읽다가 '이 내용 기억하고 싶네.'라고 생각되는 멋진 글이 나오면 펜을 바삐 움직였다. 처음에는 시간을 많이 잡아먹는 것 같아, '이렇게 할 필요가 있을까' 하는 고민도 했다. 하지만 조금씩 써 나간 150쪽짜리 노트가 얼마 남지 않았을 때는 나도 모르게 든든함을 느꼈다. 비록 내 머릿속에 모두 들어오는 것은 아니지만 수시로 볼 수 있다는 만족감을 갖게 했다.

요즈음은 일기도 메모 노트에 쓴다. 대신 하루 일과를 나열식으로 적지 않고 글로 쓸 만한 주제를 하나 구상해 쓴다. 이 습관은 글쓰기에 큰 도움을 준다. 여기에다 '깊이 생각하는 힘'도 키워 주고 있다. 이제 메모 노트는 내 지식을 담아 놓은 소중한 필수품이 되었다. 그리고 펴볼 때마다 머릿속이 지식들로 서서히 차오르고 있는 것 같아 마음까지 훈훈해진다. 메모 노트뿐만 아니라 스마트폰을 사용해서 쓰는 것도 메모 습관을 키우는 유익한 방법이다.

그렇다면 나는 왜 메모 습관에 애정을 가지게 되었을까? 그것은 일상생활을 하면서 메모가 매우 유용하다는 것을 느꼈기 때문이다. 곰곰이 무엇을 생각하고 있을 때, 무엇을 해야 할 때 문득 떠오르는 것을 붙잡아 두는 게 메모의 매력이다. 특히 번뜩 기발한 생각이 떠올랐는데, 바로 적지 못해 잊어 버렸을 때는 참 아쉬웠다. 평소 메모하는 습관을 길들이는 것? 처음에는 귀찮다. 하지만 이것도 몸에 배면 귀찮음이 즐거움으로 바뀐다. 즐거움은 언제 어디서나 메모를 하게 만들고, 나를 성장시켜 줄 것이라는 믿음을 갖게 한다.

요즈음 나는 책을 읽든, 신문을 보든, 중요한 것을 그냥 스쳐 넘어가려 하면 옆에 놓아둔 노트가 '그거 저한테 써 놓지 않으실래요? 제가 잘 보관하고 있을게요.'라고 속삭이는 것 같다. 그러면 나는 떠오른 내용을 바로 적어둔다. 이런 식으로 한 달쯤 되면 노트가 꽉 차, 책장에 넣어둔다. 하지만 노트는 나와 이별을 조금 아쉬워하는 것 같다. 그때 나는 노트에게 '수시로 너를 찾을 테니 섭섭하게 생각마라.'며 다독이고 싶어진다.

메모 습관은 몸에 익힐 만하다. 특히 공부하는 사람들에게는 더욱 이롭다. 메모를 한다는 것은 기억해야 할 정보를 머릿속에 저장하는 것이다. 즉, 우리 기억의 한계를 극복하게 만든다. 이런 기억의 한계를 극복하는 것은 나를 더욱 더 발전시키는 힘이 된다.

요즈음처럼 끊임없이 쏟아지는 정보 속에서 자신이 필요한 정보만을 골라 메모하는 것은 단단히 저장하는 방법이다. 또한 메모는 해야 할 일을 체계적으로 정리할 수 있고, 바쁘게 살아가는 우리가 시간을 효율적으로 쓸 수 있게 해준다. 머릿속 정보는 밤하늘 유성처럼 떠돌아다니다가 시간이 지날수록 희미해지며, 기억 속에서 빠져 나가기 시작한다. 메모는 희미해지는 기억을 붙잡아 두는 정보의 창고다.

메모지는 나의 지참물이 된지 오래다. 평소 나는 가방 없이 바깥 활동을 할 때 문득 떠오르는 생각을 호주머니에 있는 메모지를 꺼내 바로 적는다. 떠올리려고 애써도 기억은 금방 사라지기 때문이다. 메모는 기억력이 좋은 사람이나 그렇지 않은 사람이나 모두 필요하다. 발명왕 토머스 에디슨과 천재 물리학자 알베르트 아인슈타인과 같은 세계적으로 지적 능력이 뛰어난 인물들도 떠오르는 아이디어를 노트에 기록하는 습관이 있었다.

그렇다면 어떤 메모 습관을 익히는 게 좋을까? 700여 권의 베스트셀러를 쓴 일본 메이지대 사이토 다카시 교수는 그가 쓴 《메모의 재발견》에서 메모하는 방법에도 단계가 있다며, 다음과 같은 '메모의 3단계'를 소개하고 있다. [50]

1단계, 중고등학생이 학교에서 선생님이 알려 주는 내용을 그대로 옮겨 쓰는 것이다. 일반적으로 대부분 사람들은 이렇게 베껴 쓰기 메모를 하고 있다. 나도 예전에는 이렇게 했다. 이 방법은 자신의 생각이 들어가지 않아 생각 없이 쓴 것이나 다름없다.

2단계, 도쿄대 학생들이 메모하는 수준으로, 칠판에 교수가 쓴 내용과 강의 가운데서 중요한 요점을 한눈에 알아보기 쉽게 메모하는 것이다. 이것은 체계적으로 작성한 것이기 때문에 나중에 볼 때 내용을 쉽게 이해할 수 있다.

---

50) 사이토 다카시, 《메모의 재발견》, 김윤경 옮김, 비즈니스북스, 2017, p.41

내 인생을 바꾸는 공부법

3단계, 메모의 최고 수준으로, 다카시 교수는 사회인이라면 3단계를 목표로 두라고 제안하고 있다. 중요한 핵심내용을 메모하면서, 객관적인 정보, 자신의 생각과 느낀 점 등을 세 가지 포인트로 압축하여 정리하는 것이다.

메모하는 습관을 갖는 좋은 방법은 처음에는 의식적으로 계속 반복하는 것이다. 이렇게 계속 반복하면 무의식적으로 할 수 있게 된다. 이때까지 수고가 좀 필요하다. 이후에는 자동적으로 움직인다.

나는 사이토 다카시 교수의 3단계에 한 가지를 덧붙이고 싶다. 메모 내용 가운데 기억하고 싶은 부분은 노랑 색연필로 줄긋기를 해 보자. 그리고 가장 중요한 부분은 빨강 색연필로 별표를 한다. 눈에 훨씬 잘 띄고 머릿속에 잘 들어온다.

메모는 오늘날 수없이 쏟아지는 정보 속에서 내가 필요한 정보를 골라 머릿속에 채워가는 좋은 습관이다. 세상은 아는 만큼 볼 수 있고, 노력한 만큼 접할 수 있다. 이것은 쏟아지는 정보에 지치고 힘든 우리의 자신감을 키워 줄 것이다.

**시골박사의 한마디!**

잠자기 전 메모 내용 훑어보기

- 잠자기 전 공부한 내용을 훑어보는 것이 정말 학습에 효과가 있을까? 이에 대해 9살에 대학 입학, 21살에 시카고대 최연소 의학박사 학위를 취득한 쇼 야노(Sho Timothy Yano)는 그의 저서 《꿈이 있는 공부는 배신하지 않는다》에서 다음과 같이 밝히고 있다.[51]

- '수업 시간에는 늘 강의 내용을 열심히 기록했다. 귀로 듣고 손으로 쓰는 과정에서 암기의 단계가 한 번 더 반복되는 셈이다. 이렇게 메모한 내용은 잠자리에 들기 전 다시 한 번 살펴보곤 했다. 그냥 쭉 훑어보는 수준이지만 잠들기 전에 본 지식이나 정보는 확실히 기억에 더 선명하게 남은 것 같다.'

- 잠자기 전에 공부한 내용을 한번 훑어보고, 일어나자마자 한 번 더 보는 습관은 학습 효과를 높이는 매우 유용한 방법이라고 생각한다. 내가 실제로 해 보니 기억이 잘 되었다. 공부를 하고 있는 사람이라면 꼭 추천하고 싶다.

---

51) 쇼 야노, 《꿈이 있는 공부는 배신하지 않는다》, 센추리원, 2012, p.121.

내 인생을 바꾸는 공부법

# 07 학창 시절 남은 아쉬움이 있다

배워야 할 것이 있으면 하면서 배운다.
– 아리스토텔레스 Aristoteles

2018년 8월 중순 토요일 오후.

눈부시게 강한 여름 햇볕이 대지 위를 뜨겁게 달구고 있었다.

문득 어머니가 보고 싶었다.

들뜬 마음으로 차를 신나게 몰았다. 인천에서 수원으로. 쉴 틈
없이 푸른 들판이 눈앞에서 스쳐갔다. 고속도로에는 차들이 많았
다. 차들은 어딘가를 향해 부지런히 달리고 있었다.

어머니가 살고 있는 아파트 단지에 도착했다.

초인종을 힘껏 눌렀다.

'띵동~' 아무 인기척이 없다. 다시 눌렀다. '띵동~ 띵동~'

그제야 집안에서 인기척이 들렸다. 문이 천천히 열린다.

"왔냐!"

어머니의 인사말이다.


나는 어머니를 위해 구입한 무화과를 꺼냈다.

그런데 어찌된 일인지, 어머니를 위해 산 무화과 맛이……. 분명히 무화과 겉모습은 잘 익은 짙은 보라색이었는데, 속은 옅은 흰색이다. 맛이 없었다. 옆에서 지켜보시는 어머니가 말씀하신다.

"무화과는 봉우리가 꽃처럼 벌어져 있어야 맛이 나지."

역시 세상 물정을 잘 아시는 분이다.

"이거 요즈음 비가 안 와서 진짜 맛있어요."

가게 주인이 하는 말에, 보지도 않고 산 것이 탈이었다. 나도 모르게 스스로를 위로했다. '손님에게 주는 것이 아니어서 다행이야! 과일 맛이 조금 없으면 어때.'라고.


해는 쉼 없이 움직여 저녁을 알리고 있었다. 거실이 컴컴해지고 있었다.

"어두워지기 전에 가거라."

어머니가 재촉하신다. 어머니는 결혼해서 살고 있어도 내가 마냥 어린아이 같이 보이는가 보다.

"빨리 가거라."

다시 독촉하신다. 못 이기는 척하며 일어섰다. 어머니도 일어나셨다. 어머니는 봉지 하나를 나에게 보여 주며 말씀하신다.

"밭에서 따온 고추다. 매우니 반찬할 때 넣어 먹으면 맛있을 거야!"

밭에서 손수 재배한 것이다. 나는 어머니를 안아 드렸다. 여전히 따뜻한 어머니의 체온이 내게 전해졌다. 포근했다. 하지만 손은 딱딱했고 어깨는 뼈만 앙상하게 느껴졌다. 그래도 행복했다. 다음에도 어머니를 만나면 안아 드리기로 마음먹었다. 내가 어린 시절 느꼈던 마음이 어머니에게 계속 전해지도록.

지금도 나의 가슴속에 담아둔 게 있다. 초등학생 시절, 내가 학교에서 돌아오면 어머니는 언제나 내 조그만 손을 잡으며, 나를 안아 주셨다. 어머니의 품은 언제나 따뜻했다. 그때마다 나는 기분이 좋아졌다. 나는 신나서 내 키보다 열배나 큰 나무 아래를 토끼처럼 뛰어 다녔다. 마치 오늘 어머니를 생각하며 차를 몰고 올 때 기분처럼.

나는 초등학교와 중학교 시절을 외딴 섬에서 보냈다. 자동차는 물론 마을에 전기도 들어오지 않았다. 밤에는 석유를 연료로 사용해 등(초롱불)을 켰다. 마을 사람들은 대부분 바다에서 고기를 잡고, 미역과 소라, 조개를 채집했다. 모든 게 우리들이 먹고 버틸 식량이었다.

그 당시 어머니는 엄청 고생하며 젊은 시절을 보내셨다. 바쁜 하루를 보내실 때도 어머니는 밥상 위에서 늘 이렇게 말씀하셨다.

"세상을 살아가려면 배워야 한다."

이 메시지는 아직도 머릿속에 생생하다.


아파트 엘리베이터를 탔다. 아파트 1층까지 나오신 어머니께 인사를 드렸다.

"잘 지내세요. 집에 도착하면 전화 드릴게요."

발걸음을 천천히 옮기며 멀어져 가는 어머니를 찬찬히 바라보았다. 그때 갑자기 가슴이 뭉클해지면서 눈시울이 따가워졌다. 왜 그랬을까? 구부정한 허리를 힘들게 펴고 계시는 어머니의 모습 때문이었을까? 어머니와 헤어지는 걸 싫어했던 어린 시절이 가슴에 떠올라서였을까?


한 시간만이라도 더 어머니와 함께 머무르다 돌아오고 싶었다.

차가 아파트 단지에서 서서히 멀어져 가고 있을 때 나도 모르게 마음이 아파왔다. 잠시 차를 멈추었다.

'다시 어머니 집 초인종을 누를까. 그러면 어머니는 속으로 좋아하시겠지. 하지만 가야지.'

혼자 중얼거리며 마음을 가다듬었다. 다시 차의 시동을 켰다. 가슴 깊숙이 차오르는 아쉬움을 꾹 참으면서. 차는 어느 새 고속도로를 달리기 시작했다. 여전히 차들로 붐볐다. 집에 도착했다. 전화를 바로 드렸다. 전화오기를 기다렸을까. 전화벨 신호가 가자마자 어머니는 전화를 받으신다.

"잘 도착했어?"

이처럼 한결같은 오늘 어머니의 모습을 보며 지난 학창 시절의 아쉬움이 남는 게 있다.

'그때 공부를 좀 더 열심히 했으면 좋았을걸……'

**시골박사의 한마디!**

해야 한다(Have to) vs 하고 싶다(Want to)

- 해야 할 일에 대해 귀찮은 적이 있는가? 어떻게 하면 해야 할 일을 능동적으로 할 수 있을까. 이에 대해 미국 스탠퍼드대 버나드 로스(Bernard Roth) 교수는 그의 저서 《성취 습관》에서 다음과 같이 전하고 있다.
  어떤 일을 해야 할 때 '해야 한다'를 '하고 싶다'라고 바꿔 마음속으로 반복해서 말해 보라. 이런 말바꿈은 의무감 때문에 하기 싫고, 짜증나고, 귀찮게 느껴지는 일들이 스스로 선택한 행동으로 생각되어 능동적으로 할 수 있다는 것이다.[52]

- 우리는 때때로 '해야 할 일'인데도 '하고 싶지 않을 때'가 많다. 이런 생각 차이는 수행력에 차이를 낳는다. 따라서 '해야 할 일'은 '~하고 싶다'라고 반복해서 마음속으로 되새기면 그 일에 대한 싫음이 자연스럽게 사라지고 부담 없는 행동으로 옮겨진다. 공부도 마찬가지다. 공부에 대해 긍정적 마음을 가지면 자신의 능력을 최고로 끌어올리는 힘을 갖게 되고 스스로 이를 최대한 끌어올릴 수 있다.

---

52) 버나드 로스, 《성취 습관》, 신예경 옮김, 시공사, 2016, pp.202~203.

내 인생을 바꾸는 공부법

# 08 미루는 습관 버리기

승자와 패자를 구분하는 단 한 가지는
승자는 실행하는 사람이라는 점이다.
- 앤서니 라빈스 Anthony Robbins

'평소 습관은 무의식의 가장 깊숙한 곳으로 파고든다.'

좋은 습관을 계속 유지하기 위해 노력해야겠지만 미루는 습관이 있다면, 나의 목동 시절 이야기를 읽고 그것을 버렸으면 좋겠다.

'맴 맴 맴 매르르…….'

폭염이 힘들어서였을까. 그날따라 매미들은 쉬지 않고 울어댔다. 초등학교 3학년 여름 어느 날, 저녁 하늘이 검은 구름으로 변하더니 밤이 되자 갑자기 강한 바람과 비를 몰고 왔다. 빗방울은 시간이 갈수록 굵어졌다. 양철 지붕에 후두둑거리는 빗소리가 들려왔다. 가끔 칠흑 같은 밤하늘에 천둥소리가 날카롭게 쿵쾅거리더니 갑자기 번갯불에 몇 차례 하늘이 환해졌다 어두워지기를 반복했다.

아빠는 계속 쏟아지는 비가 걱정되셨는지, 잠자는 나를 흔들어 깨웠다.

"염소는 괜찮겠나?"

"괜찮을 거야. 아빠!"

짧게 대답을 한 나는 다시 잠을 청했다. 하지만 비가 그치지는 않고 점점 더 무섭게 내렸다. 나는 걱정이 되었다. '웅덩이에 묶어 둔 어미 염소⋯⋯.' 그곳이 비가 많이 내리면 가끔 호수처럼 변한다는 것을 잘 알고 있었기 때문이다. 하지만 '괜찮겠지.' 하며 나를 다독였다. 새벽까지 몸을 뒤척이며 자다 깨다를 반복했다.

드디어 날이 밝아오기 시작했다. 잠에서 깬 나는 염소를 매어 둔 마을 위의 언덕을 향해 허겁지겁 발길을 재촉했다. 웅덩이가 있는 곳이 가까워질수록 마음은 더욱 불안해졌지만 속으로 계속 '괜찮을 거야.'라고 주문을 외웠다. 하지만 밤새 마음을 괴롭힌 나의 예감은 틀리지 않았다. 어제 오후 웅덩이 모습이 아니었다. 푸르게 깔린 풀들은 모두 물에 잠겨 보이지 않았고, 웅덩이는 거대한 호수가 되어 있었다. 염소는 물로 채워진 웅덩이 한가운데 배를 나에게 보이며 둥둥 누워있었다.

나는 생각했다. 어젯밤 이 웅덩이에서 염소는 처절한 사투를 벌였을 것이다. 처음에는 평소처럼 조용히 서서 비를 맞았을 것이다. '이 정도쯤이야.' 하면서. 그러나 비는 그칠 줄 모르고 계속 내려 발바닥이 물에 잠기기 시작하더니, 아랫배까지 서서히 차올랐을 것이다. 물이 턱밑까지 잠겨 왔을 때 염소는 어땠을까? 공포가 시작되었을 것이다. 염소는 웅덩이를 벗어나려고 바둥바둥 몸부림을 쳤을 것이고, 계속해서 '음매~'를 외쳤을 것이다. 살려달라고 주인을 목 놓아 불렀을 것이고. 울다 울다 지친 염소는 주인이 멀어져 간 그곳을 바라보며 다시 나타나기를 애타게 기다렸을 것이다. 그러다 지쳐 정신을 잃고, 심장도 숨도 모두 멈췄을 것이다. 이후엔 모든 것을 포기하고 물 위에서 잠들었을 것이다.

물 위에 반쯤 잠긴 염소를 본 나는 가슴이 쓰리고 괴로웠다. 슬픔이 가득 차올라 눈물이 그렁그렁하다 뺨 아래로 흘러내렸다. 물바다로 변해버린 호수 한가운데로 발을 옮겨 천천히 염소에게 다가갔다. 그러나 염소는 내가 다가가도 아무 반응이 없었다. 묶어둔 줄을 세게 당겼지만 끄덕도 하지 않았다. 나는 있는 힘을 다해 줄을 당겨 풀었다. 목숨을 잃은 염소를 천천히 밀어 웅덩이 바깥으로 나왔다.

아빠한테 꾸중 들을 생각을 하니 눈앞이 깜깜해졌다. 내 잘못으로 귀중한 생명을 잃어버렸다는 죄책감이 가슴을 조여 왔다. 어젯밤 아빠 말씀을 듣고 용기를 내서 여기에 왔었다면, 염소는 살았을 텐데……

어제 오후까지만 해도 나를 보며 꼬리를 흔들었던 염소. 눈빛이 푸른 하늘처럼 맑아 사랑했던 염소. 염소는 내가 주인이라는 것을 아는 듯 나를 보면 반갑게 다가와 온 몸을 내 다리에 비볐다. 그때마다 나는 염소 등을 귀여운 강아지처럼 쓰다듬어 주곤 했다.

아, 지금 생각하면 나는 그때 해야 할 일을 하지 않았던 것이다. 도깨비가 나온다는 산길이었지만 쏟아지는 비를 뚫고, 쏟아지는 잠을 이기고 갔어야 했다. 염소를 위해 꼭 해야 할 일이었다. 우리는 종종 이런 일을 겪는다.

지금도 먹구름 뒤에 억수같은 비가 쏟아질 때면 물 위에 잠든 염소, 그때 일이 떠오른다. 행동으로 옮기지 않고 미뤘던 습관은 가슴에 깊은 아픔을 남겼다. 사소한 습관을 버리기 위해서라도 때로는 용기가 필요하다. 성인이 된 지금까지도 그 일이 마음속에 남아 있는 것을 보면.

## 📢 시골박사의 한마디!

▨▨▨▨▨▨▨▨▨▨▨▨▨▨▨▨▨▨▨▨▨▨▨▨▨▨▨▨▨▨▨▨▨▨

하버드대 교수가 전하는 평범한 사람들을 위한 교훈

- 특별한 재능이 없다고 생각하는 사람들에게 탁월한 능력을 키우는 메시지가 있다. 다중지능 이론 창시자 하버드대 심리학과 하워드 가드너(Howard Gardner) 교수는 평범한 사람이 잠재적 능력을 발휘하는 방법을 다음과 같이 전하고 있다.

  '당신이 재능을 받았건 받지 않았건, 다른 사람과 비교해서 당신의 독특한 점을 찾아내 그것을 최대한 이용하라. 당신의 독특한 점을 이익이 되게, 축복을 받을 수 있게 만들어라. 많은 경험을 쌓아라. 그것이 자신에게 소중한 것이 되기도 하고 자신을 자극할 수도 있다.'[53]

- 이런 자신의 장점은 삶의 변화와 보람을 느끼게 하고 자신의 자존심을 높일 수 있을 것이다.

▨▨▨▨▨▨▨▨▨▨▨▨▨▨▨▨▨▨▨▨▨▨▨▨▨▨▨▨▨▨▨▨▨▨

---

53) 하워드 가드너, 《창조적 인간의 탄생》, 문용린 옮김, 사회평론, 2016, p.256.

# 09
## 사소한 차이의 힘

말만 하는 것보다 쉬운 일은 없다.
매일 그 말을 실천하며 사는 것보다 힘든 일은 없다.
- 아서 고든 Arthur Gordon

2018년 6월 14일 새벽 4시 반. 잠을 깼다. 잠을 자면서도 밤새 생방송으로 진행된 6·13 지방선거 결과가 궁금해서였을까. 평소보다 이른 시각이다. 나는 미니 TV를 켰다. 화면 아랫부분에는 '당선! 충북 **군수 ○○○, **군수 ○○○' 당선인의 명단이 자막을 통해 나오고 있었다. '당선'이라는 문자와 이름을 보니 가슴이 뭉클해졌다. 선거 후보도 아닌 내가 왜 이런 감정을 느끼는지 이해할 수 없었다. 차디찬 눈초리를 버텨낸 당선인이 대견해서일까.

TV에서는 교향악단이 연주하는 모습을 방영하고 있었다. 거실에 음악이 흘렀다. 밖이 어둡고 고요해서인지 연주가 더욱 정겹게 들렸다.

투표는 어제 오후 6시 정각에 종료되었다. 투표가 종료되자마자 방송사에서는 일제히 출구 조사 결과를 발표했다. 서울시장 1위 ***, 2위 ***, 높은 득표를 받은 후보는 환호, 낮은 득표를 나타낸 후보는 비애를 느꼈을 것이다.

시민들은 선거일 보름 전부터 거리에 나와 유세를 하는 선거 후보자들을 볼 수 있었다. 후보 지원자들은 후보자 이름이 새겨진 피켓을 양손에 들고 좌우로 흔들었다. 선거일에 가까워지자 거리는 더욱 많은 선거 홍보용 현수막으로 넘실거렸다. 또 후보자들은 트럭에 자신의 영상을 담아 흥을 돋우는 음악을 틀어 놓고 한 표를 애타게 부탁했다.

언론에서는 당선인들이 축하 화환을 목에 걸고 손을 높이 든 모습들을 볼 수 있었다. 앞으로 당선된 사람들은 며칠 간 승리의 샴페인을 터뜨리며 환하게 웃고 다닐 것이다. 지역 사람들을 만나며 자신들이 내건 공약을 지키기 위해 힘차게 뛸 것이다. 하지만 낙선한 사람들은 한동안 가슴이 아플 것이다. 송곳으로 가슴을 찌르는 통증보다 더할 것이다. 오늘 같은 침통한 마음이 한동안 계속될 것이며, 낙선으로 인생의 바닥으로 추락하는 것처럼 느낄 것이다. 우리가 잘 아는 바와 같이 대부분 '당선과 낙선'의 투표수 차이는 크지 않다. 여기에는 자신의 노력과 함께 행운이 작용하기도 한다. 합격을 결정하는 시험 성적도 사소한 점수 차이로 합격과 불합격을 결정한다. 1점 차이가 가슴 아프게, 3점 차이가 안타깝게 만든다. 그래서 우리는 '조금 더 열심히 했었다면…….'을 되새기며 아쉬워한다. 아무튼 사소한 차이가 당락을 결정한다.

이런 결과를 보면서 생각해 본다. 선거에 떨어지고 시험에 떨어진 순간만큼은 인생에서 패배한 것처럼 느낄 수 있다. 하지만 마음만 단단히 먹으면 인생 역전은 언제든 벌어진다. 열심히 공부하면 언젠가 기뻐서 가슴 뛰는 날이 올 것이다. 이를 위해 망가진 몸을 다시 일으켜 세우라. 오늘 최선을 다해 자신의 꿈을 갈고 닦으라. 오늘을 시작하기 전에 '오늘을 사랑하리.'라고 말해 보라. 그런 날이 많을수록 앞으로 기회는 더 주어진다. 끈질기게 매달리는 당신은 원하는 꿈을 반드시 이룰 것이다.

내 인생을 바꾸는 공부법

**시골박사의 한마디!**

효과적인 반복 학습 방법

- 반복 학습에도 효과를 높이는 방법이 있다. 어떻게 해야 할까. 영국 요크대 심리학과 앨런 배들리(Alan Baddeley) 교수는 그의 저서 《당신의 기억》에서 학습한 것을 가능하면 초기에 많이 반복하는 것이 다음에 복습 시간을 줄일 수 있다[54]고 강조한다.
- 우리가 잘 알고 있는 독일의 심리학자 에빙하우스 연구에서도 공부한 지 20분만 지나도 기억의 40퍼센트를 망각하고, 1시간 후에는 절반을 잊는다고 했다. 따라서 공부한 내용을 복습할 때는 시간차를 두고 하되, 초기에 망각이 급속하게 진행되므로 1시간 전에 꼭 1회 정도는 반복 학습하는 습관을 가지는 것이 좋다.

---

54) 앨런 배들리, 《당신의 기억》, 진우기 옮김, 예담, 2009, p.113.

## 손톱 깎아주기 사랑

10여 년 전 어느 날 가족들과 아침밥을 먹는데
큰딸이 눈을 크게 뜨며 한마디를 던졌다.
"아빠! 손톱이 이렇게 많이 자랐어?"
큰딸은 "내가 깎아줄게."라고 말하며 내 손을 끌어당겼다.
못 이긴 척 손을 내밀고, 잠시 기다렸다. 톡! 톡! 톡!
큰딸은 아프지 않게 깎으려고 손가락 하나씩을 잡아
정성스레 손톱을 깎기 시작했다.
잠시 후 손톱이 말끔해졌다.
딸에게 오랜만에 '소중하고 고맙다'는 마음이 들었다.

그때 문득 '이렇게 큰딸의 손톱을 깎아주는 것도 유대감을 키우는
데 좋은 방법이겠구나.'라는 생각을 했다.
그래서 나도 수시로 딸의 손톱을 지켜보다 길게 자라면 깎아 주곤
했다.
그렇게 시작한 '손톱 깎아주기'는 지금까지 해 오고 있다.
큰딸이 고등학교를 거쳐 지금 대학생이 되었는데도 손톱을 서로 깎
아주고 있다.
큰딸이 어쩌다 공부하느라 손톱을 깎아주지 못하면
나의 손톱은 길게 자랐다.
딸과 아빠의 손톱 깎기는 앞으로도 한참동안 계속 될 것 같다.
그런데 어려움이 생겼다.

다음 2학기 때, 큰딸이 해외 대학에 교환 학생으로 선발되었다고 한다.
에고~, 큰일 났다!
6개월간은 스스로 손톱을 깎아야 할 신세가 되었다.
이참에 나의 손톱은 작은딸에게 인계할까 고민 중이다.
작은딸에게 제안하면
큰딸처럼 "그렇게 해요. 아빠"라고 대답할지,
아니면 "이제부터는 스스로 깎을 때가 됐어요!"라고 말할지,
지금부터 궁금해진다.

위 글은 큰딸과 손톱을 서로 깎아주는 활동을 소개한 이야기이다. 손톱 깎아
주기는 아이와 소통 능력을 키우는 데 많은 도움이 되었다. 특히 어린 시기에
부모와 함께 하는 특별한 활동은 아이에게 정서적 안정감을 주고 소통 능력을
향상시켜 세상을 살아가는 데 필요한 힘을 키울 수 있다.

Chapter 5

# 나를 키우는 최고의 학습 : 몰입

내 인생을 바꾸는 공부법

# 01 서울대 교수가 밝힌 최고의 공부법 '몰입'

일을 즐길 수 있는 비결은 잘하는 것이다.
또한 일을 잘하고 싶으면 즐겨라.
– 소설가 펄 벅 Pearl Buck

어느 강연장에서 들었던 한 교수의 이야기다.

"공부는 처음엔 재미없어요. 하지만 계속하면 재미가 붙어요."

이 분이 바로 현재 서울대에서 학생들을 가르치고 있는 황농문 교수이다. 황 교수는 《몰입》이라는 책으로 공부하는 사람들에게 널리 알려져 있다. 그는 "하나의 생각이 몰입 상태가 되면 지금까지 도저히 해낼 수 없었던 과제가 술술 풀리고, 그때 기분은 하늘을 나는 것만큼이나 행복감이 느껴졌다."고 했다. 기적 같은 이야기다. 이런 현상이 어떻게 일어날 수 있을까?

몰입은 고도의 정신 활동으로 오로지 한 가지 일에 집중하여 내면에 잠재된 능력을 최대로 발휘하는 과정이다. 사고력을 증진시키는 몰입적 사고는 충분한 훈련이 필요하다. 예를 들어 달리기는 보통 체력을 지닌 사람이라면 누구나 할 수 있는 운동이다. 하지만 42.195km를 뛰는 마라톤은 적절한 준비나 훈련 없이는 할 수 없다. 내가 아는 지인은 체력을 기르기 위해 마라톤을 시작했다. 그는 매일 공원에서 달렸다. 그리고 퇴근 후에는 헬스클럽에서 장거리를 뛰는 연습을 했다. 그의 오래 달리기 훈련은 꾸준히 늘어 마침내 5년 전부터는 국내 마라톤 경기에서 완주를 할 수 있었다. 지금은 국내 풀코스 마라톤 경기는 물론, 보스톤 마라톤 같은 해외에서 개최하는 마라톤에도 참가하는 실력을 갖췄다. 이처럼 몰입도 어떠한 수련 과정을 거쳐야 최고의 수준까지 도달할 수 있다. 나는 몰입하는 과정이 정말 궁금했다.

## 몰입 훈련 5단계

황농문 교수가 밝힌 몰입하는 다섯 단계 과정을 살펴보겠다. [55]

---

55) 황농문, 《몰입》, RHK, 2017, pp.252~276.

몰입 1단계는 '생각하기 연습'이다.

1단계는 '풀리지 않는 문제 20분간 생각하기'이다. 하루에 5번, 1주일 이상 연습한다. 이 연습은 '생각하는 습관'을 들이는 것이다. 다시 말해 자신의 사고력과 몰입을 위해 필요한 기초 체력을 단련하는 훈련이다. 기억해야 할 점은 '생각하기 문제를 어떻게 풀 수 있을지를 논리적으로 생각한다.'이다.

학생이라면 수학 문제, 직장인이라면 회사에서 당장 해야 할 프로젝트 등을 과제로 삼으면 좋겠다. 이런 1단계 연습에 익숙해지면 문제 해결력이 예전보다 나아졌다는 것을 느끼고 '나도 할 수 있다'는 자신감을 갖게 한다.

몰입 2단계는 '2시간 동안 천천히 생각하기'이다.

2단계는 '어떤 과제를 2시간 동안 생각하기'이다. 황 교수는 1단계인 '20분 생각하기'는 누구나 할 수 있지만 2단계는 연습해야 가능하다고 했다. 인내심이 필요하고 스트레스가 쌓일 수도 있다. 하지만 천천히 생각할수록 지치지 않고 아이디어가 잘 떠오른다고 강조한다.

나는 2단계를 연습해 봤다. 생각하는 과제는 글쓰기에서 소제목 한 가지를 어떻게 쓸 것인가였다. 처음에는 글쓰기에서 소제목을 떠올리는 것이 막막하여 아무것도 생각나지 않았다. 하지만 생각하기를 계속했더니 무엇인가 떠오르기 시작했다. 마치 밭에 씨앗을 뿌렸더니 어느 날 싹이 돋아나는 것처럼. 나는 책상에 앉아 '생각하기'를 하지 않는다. 공원에서 산책하면서, 헬스클럽에서 운동하면서 '생각하기'를 하면 잘 떠오른다. 문득 떠오르는 좋은 아이디어나 글감은 바로 종이에 메모한다(휴대폰 저장도 좋은 방법이다). 글이 구성을 대략 갖추게 되면 즐거움까지 느낀다.

몰입 3단계는 '하루 종일 생각하기'이다.

3단계 '하루 종일 생각하기' 훈련은 몸의 '최상의 컨디션을 유지'하는 운동을 병행해야 효과가 좋다고 했다. 다시 말해 좋아하는 운동을 규칙적으로 매일 1시간씩 하는 것이다. 자신의 능력을 최대한 발휘하기 위해서는 운동이 필수다. 3단계를 마스터하면 무엇보다도 자신감이 넘친다. 그래서 전에는 '할 수 없다'고 생각하는 것들이 '할 수 있다'로 바뀐다고 했다.

나는 3단계를 박사논문 쓸 때 연습해 봤다. 박사논문은 석사논문과 달리 한 차원 높은 주제를 논리적으로 풀어나가야 한다. 글의 구성력과 근거가 논리적이어야 하고 깊은 사고가 필요하다. 특히 논문을 쓰는 과정 동안 교수님께 보여 드릴 날이 다가올 때 부담감은 지금 생각해도 끔찍하다. 이때는 초긴장 상태였다. 하루 종일 논문 내용만을 생각하게 만들었다. 이렇게 종일 생각하다 보면 어떻게 써야 할지가 샘물처럼 솟아났다. 나의 잠재 능력을 최대한 끌어올리는 시간이었다.

　몰입 4단계는 '과제를 7일간 생각하기'이다.
　4단계는 한마디로 '두뇌 활동의 극대화 훈련'이다. 하루 종일 목표한 문제만을 생각한다. 문제에 대한 생각과 함께 잠들고 문제에 대한 생각과 함께 깬다. 몰입적 사고를 하려면 열심히 생각하기를 실천하되 천천히 생각하기(slow thinking)가 필요하다. 천천히 생각하기를 계속하면(keep thinking) 깊은 생각(deep thinking)으로 바뀌고, 여기서 계속 나아가 몰입도가 올라가면 생각하는 재미(fun thinking)를 경험한다고 했다. 나는 솔직히 4단계 과정을 시도해 보지 않았다. 하지만 일주일씩 사고하는 과제를 수행하는 사람(예 과학자, 연구원 등)이라면 해볼 만하다고 생각한다.

　마지막 몰입 5단계에서는 '한 달 이상 지속적인 몰입 체험하기'이다.
　5단계는 생각의 깊이가 확장되어 자신의 능력을 최대한 발휘할 수 있다. 뿐만 아니라 황 교수는 '한 달 이상 지속적인 몰입 체험하기'에 대해 다음과 같이 밝히고 있다.
　"제가 몰입에 빠지다보니 새벽 두시가 되었는데도 잠이 오지 않앉어요. 졸려야 할 시간에 정신은 맑아지면서 제가 풀려고 애쓰는 과제에 대한 새로운 아이디어가 계속해서 떠올랐습니다. 그리고 땀을 흘리는 운동(테니스)을 규칙적으로 병행하니 건강이 유지되고, 몰입적 사고는 삶의 가치관까지 변화시키고 있었습니다."

그러면서 황 교수는 낮에 피곤하면 선잠을 자라고 했다. 충분한 수면은 통찰력을 높이고, 규칙적인 운동은 몰입 상태를 유지하는 데 큰 도움이 된다고 강조했다.

지금까지 황농문 교수의 몰입 과정과 나의 체험 사례를 함께 소개했다. 몰입의 최고 가치는 사고력을 증진시킨다는 점이다. 몰입 훈련이 거듭되면 난이도가 높은 어려운 문제도 스스로 해결할 수 있는 능력을 키운다. 누구보다도 대학입시를 준비하는 학생들에게 적극 권할 만한 방법이다. 물론 공무원 시험 등 각종 시험을 준비하며 힘들어하는 사람에게도 추천하고 싶다. 합격을 앞당기는 역할을 몰입이 해 주리라 믿기 때문이다.

나는 몰입을 통해 평소 생활을 변화시키려고 애쓴다. 이런 습관은 예전보다 기억력이 나아지고 좋은 아이디어를 떠올릴 수 있게 한다. 무엇보다도 내가 하고 있는 일에 즐거움을 자주 느낀다. 평소 집중을 잘 못하는 사람이라면, 앞의 훈련을 통하여 학습 능력을 최대한 발휘하기 바란다.

**시골박사의 한마디!**

몰입은 어떻게 이루어지는가

• 최대한 학습 능력을 올리는 방법은 몰입하여 공부하는 것이다. 그렇다면 몰입은 어떻게 이루어지는가. 이에 대해 몰입의 창시자이자 前 시카고대 심리학·교육학과 미하이 칙센트미하이(Mihaly Csikszentmihalyi)교수는 몰입을 하려면 다음과 같은 조건이 갖추어져야 한다고 했다.[56]

첫째, 명확한 목표가 있어야 한다.

둘째, 학습 수준이 스스로 해낼 수 있을 정도가 되어야 한다.

셋째, 어느 정도 잘하고 있는지에 대한 피드백이 있어야 한다(**예** 문제풀이 등).

• 공부하는 사람이라면 위 세 가지를 꼭 기억하면 좋겠다. 지루한 공부가 자신감과 성취감으로 바뀌리라 믿기 때문이다.

---

56) 황농문, 《몰입》, RHK, 2012, p.33.

# 02
## 공부가 즐거워지는
## 체력 단련법

> 성장 호르몬은 보통 혈액 내에 몇 분 동안만 머물러 있지만,
> 전력 질주를 한 뒤에 늘어난 성장 호르몬 수치는
> 거의 4시간까지 유지된다.
> – 하버드대 의대 교수 존 레이티 John Ratey

우리 주위에는 잘 나가는 사람들이 있다. 평범한 사람인것 같은데 조금 앞서 간다. 성적이 좋아 명문대에 가볍게 입학하고, 많은 사람들이 꿈꾸는 직장에도 들어간다. 이들이 앞서가는 특별함은 어디에서 나온 걸까. 그 뿌리를 찾아보기로 한다.

지난해 8월 어느 휴일, 여름 날씨인데도 시원하고 하늘은 맑았다. 직장 선배와 가까운 곳에 산행을 하기로 약속했다. 후배인 내가 차를 운전하는 일은 당연지사. 우리는 차를 몰고 등산로 입구

내 인생을 바꾸는 공부법

주차장에 도착했다. 천천히 산을 오르면서 한번쯤 선배에게 물어보고 싶었던 것이 생각났다. 다름 아닌 선배의 딸이 어떻게 공부했는지를. 그녀는 3년 전, 명문대인 S대를 졸업하고 1년 후 행정고시에 합격했다. 지금은 중앙부처에 사무관(5급)으로 근무한다. 이제나이 20대 후반. 선배는 어떠한 교육으로 자녀를 둔 부모들이 부러워하는 명문대에 보내고, 공무원 9급 시험도 합격하기 어려운 시대인데, 5급 행정고시를 거뜬히 합격시켰는지 궁금했다.

"선배님! 따님이 어떻게 공부했는지 궁금합니다. 이야기 좀 들려주세요."

선배님은 주위 사람들이 물어보는 질문에 익숙해져 있는지 자연스럽게 대답했다.

"공부는 체력이 절대적일 만큼 중요해."

"우리 아이는 하루 조금씩이라도 운동을 했어. 줄넘기와 걷기를 했고 주말에는 공원 산책을 빠뜨리지 않았지."

'아하~, 그렇구나! 학교에 다니면서, 그리고 고시 준비를 하면서 체력 관리도 열심히 하며 공부했구나.'

많은 사람들이 알고 있는 사실이지만 등한시하는 경우가 많다. 하지만 공부는 체력이라는 말을 실감하게 했다.

오늘 등산을 하는 이유도 따지고 보면 체력을 키우기 위해서이다.

평소 나는 대부분 시간을 의자에 앉아 일을 한다. 몸을 움직이는 일을 하지 않다보니 체력이 약하다. 물론 타고난 체력이 약한 것도 사실이다.

선배와 등산을 한 지 며칠이 지난 후, 집에서 가까운 커피숍에 갔다. 그곳에서 나는 아파트 같은 동에 살고 있는 한 분을 우연히 만났다. 그분은 오늘 날씨가 너무 더워 여기에 와 책을 읽고 있다고 했다. 우리는 아는 사이였지만 가족 이야기까지는 나누지 못한 사이였다. 그분과 이야기를 나누다 70세가 넘으셨다는 말에 나는 깜짝 놀랐다. 외모로 봐서는 분명히 60대를 막 넘긴 나이처럼 보였다. 부인은 내과 의사라고 했고, 지금도 인천에서 병원을 운영한다고 했다. 그분 어머니도 내과 의사로 평생을 지냈다고 했다. 그의 어머니는 그가 의사가 되기를 원했지만 공과대학을 나와 대기업을 다녔다고 했다. 나는 일과 체력의 관계에 대해 여쭤봤다. 그분은 공부나 어떤 일을 하는 데는 체력이 뒷받침되어야 한다고 강조하며 다음과 같이 대답하셨다.

"나는 지금이나 직장에 다닐 때 밤을 새며 일을 많이 했어요. 지금도 가끔 일이 생기면 밤을 지새웁니다. 그래도 다음 날 피곤한 것을 크게 느끼지 않아요."

그분의 이어지는 말씀이 지금도 귀에 생생하다.

"나는 어떤 재미있는 책을 보면 새벽이 되어도 끄떡하지 않고 오히려 머리가 맑아져 와요. 90세가 넘은 어머니는 지금도 성경책을 암기해 말씀하세요."

이처럼 우리 주위에서 공부 잘하는 사람, 사회에서 잘 나가는 사람들의 공통점은 체력이 좋다는 점이다. 그런데 나는 체력이 바닥이다. 30대에도 직장에서 밤을 새는 당직 근무를 하고 나면 3일은 후유증이 있었다. 한마디로 기운이 없어 비실거린다. 무엇보다도 사무실에서 일을 할 때 빠르게 처리하기 어렵다. 평소 오전에 끝낼 수 있는 보고 문서도 오후까지 오탈자와 문장 구성 등에 애를 쓰고 작성해야 마칠 수 있다. 책을 읽어도 피곤하여 공부한 내용이 머리에 잘 들어오지 않았다. 이럴 때 정신적으로나 육체적으로 모든 활동에 무력감을 느낀다. 그러니 시간을 다투며 경쟁하는 시험을 앞둔 수험생 경우라면 좋은 성적을 낸다는 것은 당연히 어려운 일이다.

그런데 요즈음 나는 예전보다 체력이 좋아졌다. 매일 1시간 이상 헬스클럽에서 운동을 하니 근육량도 늘고 팔굽혀 펴기도 예전보다 더 많이 한다. 더욱 기분 좋은 일은 책을 읽을 때 앉아 있는 시간이 길어지고 집중력도 좋아졌다는 사실이다. 운동이 얼마나 중요한지를 새삼 깨닫고 있다.

이처럼 건강과 공부는 뗄 수 없는 관계이다. 하버드대 정신의학과 존 레이티 교수는 운동의 긍정적 효과와 정신 건강에 대하여 다음과 같이 강조했다. [57]

- 운동은 뇌에 혈액 양을 증가시키고 더 많은 영양소를 공급한다.
- 운동은 자존감을 향상시킨다.
- 운동은 기억을 선명하게 하고 새로운 정보를 습득하는 능력을 증가시킨다.

인생에서 중요한 것들을 생각해 보자. 돈, 직업, 건강, 행복, 사랑 등 수없이 많다. 당신은 여기서 무엇을 선택하겠는가. 나는 이 가운데서 가장 중요한 것이라면 건강을 꼽고 싶다. 행복도, 돈도, 직업도 건강해야 얻을 수 있기 때문이다. 앞으로도 건강을 지키고 체력을 키우는 노력을 좀 더 하고 싶다. 체력을 기르기 위해서는 실행이 필요하다. 쉽지 않지만 해야 할 일이다. 내가 나아갈 길을 가기 위해 체력을 길러야 한다면 기꺼이 받아들여야 하지 않을까. 체력을 키우는 작은 실천이 나를 성장시키는 길이고, 앞서 나가는 사람들이 가장 중요하게 생각하는 것이기 때문이다.

---

57) 존 레이티, 《뇌, 1.4킬로그램의 사용법》, 김소희 옮김, 21세기북스, 2013, pp.490~492.

내 인생을 바꾸는 공부법

**시골박사의 한마디!**

대학 수능 만점자가 전하는 운동 효과

- 2014년도 대학수학능력시험에서 A 학생은 만점을 받았다. 그는 언론 인터뷰에서 다음과 같이 말했다. "저는 매일 점심 식사를 한 후 30~40분 정도 농구를 했어요. 집중이 잘 되어 공부한 내용이 쏙쏙 머리에 잘 들어왔고, 온종일 앉아서 공부하는 것보다 훨씬 효율적이었어요."
- 나는 고시(5급)에 합격한 사람들을 종종 만나 다음과 같은 질문을 하면 한결같은 공통점이 있었다.
  "체력이 공부에 어느 정도 영향을 준다고 생각하세요?"
  "체력은 매우 중요합니다."

# 03 행정고시 합격자가 전하는 최고의 공부법

우리는 모방하도록 사전 설계되어 있어요.
탁월한 수준에 도달한 사람과 똑같은 상황에 자신을 집어넣고
그 사람이 했던 대로 똑같이 시도하면 실력 향상에 엄청난 효과가 있죠.
– 안데르스 에릭슨 Anders Ericsson

행정고시를 준비한 지 1년 만에 합격한 공무원 한 분을 알고 있다. 어느 날, 그와 저녁식사를 했다. 나는 평소 궁금했던 공부 이야기를 꺼냈다.

"고시는 보통 2년 이상 공부해야 합격하는데, 어떻게 짧은 기간에 행정고시를 합격할 수 있었는지 그 비결은 무엇인가요?"라고 물었다.

그는 환하게 웃었다. 그러면서 오랜만에 들어본 질문이라며 다음과 같이 대답했다.

"그 당시 나는 하루에 한 과목을 붙잡고 가볍게 훑어본다고 계획했습니다. 이런 방법이 한 번이라도 더 그 책을 볼 수 있다고 생각했습니다. 사실 이렇게 두 번을 반복해도 머리에 남은 기억은 없습니다. 그러나 책을 3~4회독을 해 나가면 그때부터는 머리에 하나둘씩 뭔가 남기 시작해요."라고 말했다.

특히 그는 책을 다음과 같이 선택했다고 했다.

"시중에서 정말 잘 써진 책이라고 평가된 한 권씩을 선택해서 구입했습니다."

그 이유를 다음과 같이 설명했다.

"이런 책을 중심으로 읽어나가면서 같은 과목 책을 수시로 필요할 때 읽으면 정독 효과가 훨씬 크거든요."라고 귀띔했다.


그는 공부 이야기를 이어갔다.

"수험생은 시험장에 들어가자마자 선생님이나 학원강사 등 평소 공부를 도와주는 사람들의 도움을 전혀 받을 수 없습니다. 오직 혼자 시험에 출제된 문제를 풀어야 합니다. 혼자 고민하고 애써 문제를 풀어 답안지에 옮기는 절대 고독을 느끼면서 말입니다. 그러므로 시험장에 가기 전까지 이 상황을 떠올리며 공부하면 머리에 잘 기억됩니다."라고 강조했다.

그는 또 공부를 하다가 집중이 안 되면 다른 과목으로 바꿔 공부하고, 그래도 안 되면 밖에 나가 산책을 했다고 말했다. 그리고 충분한 수면이 성적 향상에 큰 도움이 되었다고 했다. 그러면서 긴장해서 잠이 오지 않을 때 잠을 잘 자는 자신의 비결을 전했다.

"잠을 자려는데 잠이 오지 않을 때는 '어렵고, 공부하기 싫은 책'을 펴 놓고 읽어 보세요."라고 했다. 그러면 바로 잠이 온다고도 말했다. 그러면서 "초 · 중고 시절에 독서를 얼마만큼 즐겼느냐가 미래의 인생을 결정합니다."라고 강조했다.

나는 그의 공부법이 설득력이 있다고 생각했다. 나 역시 하루에 여러 과목을 공부했을 때보다 한 과목만 붙잡고 공부했을 때 훨씬 더 자주 머릿속에 공부한 내용이 잘 떠오르는 것을 체험했기 때문이다. 하지만 기억해 둘 게 있다. 한 과목을 공부하다 지루함을 느끼면 다른 과목으로 바꾸자. 이때는 자신이 좋아하고 자신있는 과목으로 공부하는 게 좋다. 괜히 붙잡고 있다가 두뇌가 신경질 내서 공부에 싫증나면 안 되니까 말이다. 그리고 그가 말한 1회독을 했을 때는 남은 게 없지만 이것을 3~4회 반복하다보면 서서히 머릿속에 뭔가 남는 것이 많아졌다. '반복의 중요성'이 입증된 셈이다.

현재 서울대에 재직하고 있는 황농문 교수도 그가 쓴 《공부하는 힘》이라는 책에서 '한 과목을 오래 지속할수록 생각이 한곳에 머물러 몰입 효과가 높아진다.'고 강조한다. [58] 따라서 이런 방법은 오로지 한 가지 일에 집중함으로써 자신의 잠재된 능력을 최고로 발휘할 수 있다는 점을 나타낸 것이다.

 **시골박사의 한마디!**

청각의 힘 vs 시각의 힘

- 같은 정보라도 청각과 시각, 어느 쪽이 기억을 잘하게 만들까? 정답은 시각이다. 워싱턴대 의과대 생명공학과 존 J. 메디나(John J. Medina) 교수는 "귀로 어떤 정보를 듣고 3일이 지나면 그중 10퍼센트 정도만 기억한다. 하지만 그 정보에 그림만 하나 넣으면 65퍼센트를 기억할 수 있다."고 했다. 왜 시각이 그토록 기억을 잘하도록 만들까? 아마도 인류가 중대한 위협, 식량 공급 등을 파악할 때면 늘 시각을 사용했기 때문일 것이라고 했다. [59]
- 위의 연구에서 보듯이 청각보다는 시각을 통한 기억이 훨씬 잘 된다. 공부를 할 때 눈을 통한 학습이 바람직하다. 공부 내용을 직접 요약해 그림을 그리고 도표를 만드는 것은 학습 효과를 더욱 높이는 방법이다.

58) 황농문,《공부하는 힘》, 위즈덤하우스, 2013, p.61.
59) 존 J. 메디나,《브레인 룰스》, 서영조 옮김, 프런티어, 2013, p.337.

# 04
## 공부 효과를 높이는 틈틈이 운동법

*만난 사람 모두에게서 무언가를 배울 수 있는 사람이 세상에서 제일 현명하다.*
*- 탈무드 Talmud*

하루 종일 자격시험 모의고사 공부를 했다. 시험은 다음 달에 치러진다. 머리가 맑지 않았다. 집 근처에 있는 공원을 산책하기로 했다. 산책은 유산소 운동이며, 유산소 운동은 뇌의 활동을 돕는다. 그래서일까. 세계적인 철학자들은 평소 공원을 산책하며 많은 생각을 떠올렸다고 했다. 공원에는 많은 사람들이 산책을 즐기고 있었다. 아직 추위가 남아 있는 4월인데도 대학생쯤 보이는 한 청년은 반바지와 셔츠를 입고 빠르게 뛰고 있었고, 서너 명의 어르신들은 공원에 설치된 헬스 기구를 타고 있었다. 한 여성은 귀여운 강아지를 안고 걷고 있다. 그러다가 땅바닥에 내려놓자 풀밭으로 달려가는 강아지를 향해 "아가야, 어딜 가?"라고 외쳤다.

산책길을 걸으며 잠시 생각에 잠겼다. 왜 나는 어제 공부한 것이 잘 떠오르지 않을까. 공부한 내용은 머릿속 어디에 저장될까. 왜 뛰어난 사람들처럼 공부할 때 몰입하지 못할까. 이런 생각을 하다가 나도 모르게 문득 '공부 효과를 높이는 방법'으로 무엇이 있는지 궁금했다. 공원 내에 있는 도서관으로 들어갔다. 도서관 2층 일반실은 많은 사람들이 공부를 하는데도 조용했다. 가벼운 마음으로 주위를 둘러봤다. 노트북 앞에서 열심히 타이핑을 하는 젊은 여성, 책을 고르는 교복 입은 남학생도 눈에 띄었다. 나는 컴퓨터에서 공부와 뇌에 대한 책을 검색했다. 많은 책들 가운데 하버드대 정신의학과 존 레이티(John. J. Ratey) 교수가 전하는 《뇌 1.4 킬로그램의 사용법》이라는 책을 찾아 읽기 시작했다.

존 레이티 교수는 기억과 학습은 운동과 깊이 연관되어 있다고 했다. 육체적 움직임은 우리가 배우고, 생각하고, 기억하는 능력에 직접 영향을 미친다[60]는 것이다. 그러므로 학습 효과를 올리기 위

---

60) 존 레이티, 《뇌 1.4 킬로그램의 사용법》, 김소희 옮김, 21세기북스, 2013, pp.245~247.

해서는 운동이 꼭 필요하다는 점을 강조한다. 여기에다 교수는 내가 지금까지 몰랐던 연구 결과를 전하고 있었다. 기억은 이전에 익힌 지식을 연계해서 조작하는 것이라 했다.

'아, 그렇구나. 지금 공부하고 있는 것을 이미 내가 알고 있는 것과 연관 지을 때 훨씬 이해가 잘되고 기억도 오래갈 수 있구나.'

교수가 주장한 말을 충분히 이해할 수 있었다. 새로운 정보를 내가 알고 있는 지식과 연관시켜 외워봤다. 훨씬 기억이 잘되어 금방 떠올릴 수 있었다.

교수는 또 한 가지를 말하고 있었다. 새로운 장소를 방문하거나, 새로운 영화를 보거나, 새로운 노래를 부르거나, 새로운 문제를 푸는 것은 두뇌를 촉진시키는 방법이라고.

잠시 나는 눈을 감았다. 나의 공부 방법을 개선해야겠다는 생각을 했다. 그동안 운동하지 않고 공부하는 습관이 몸에 배어 있어서 애쓴 노력에 비해 성적이 잘 나오지 않은 것일까. 마음 한편에는 실망이 컸다. 자리에서 일어서 유리창 밖을 바라봤다. 잔디밭 사이로 우뚝 서 있는 플라타너스 나무들이 싱그럽다. 이제 공부하는 습관을 바꾸기로 했다. 존 레이티 교수 등 세계적인 학자들이 주장하는 운동에 관한 이론을 기초로 실천해 보기로 결심했다. 책을 덮고 도서관 밖으로 나왔다.

오늘부터 하루에 30분 이상 운동을 하기로 마음먹었다. 그런데 문제가 있다. 평소 바쁜데 어떻게 운동하는 시간을 가질 수 있을까. 적어도 하루 30분 운동하는 틈을 찾아야 했다. 나의 하루 운동 30분 전략은 다음과 같다.

먼저 잠에서 깨 일어나자마자 하는 운동이다. 요가 매트에 누워 등 구르기를 서너 번 한다. 이 운동은 국선도에서 나온 동작 중 한 가지로 남녀 구분 없이 누구나 할 수 있다. 또 척추를 교정하고 뱃살을 빼는 데 좋다. 두 번째는 집에서 출근하기 위해 엘리베이터를 기다리는 짧은 시간에도 스쾃(squat)을 몇 번씩한다. 문이 열릴 때까지 계속하면 평균 5번은 넘었다. 엘리베이터에 아무도 타지 않았을 때도 했다. 집에 돌아올 때도 마찬가지 이런 습관을 갖기로 했다. 세 번째는 내가 운전하는 차 안에 손 운동 기구인 악력기를 운전석 옆에 두기로 했다. 운전을 하다 신호등에 걸렸을 때 악력기를 쥐었다 폈다를 한다. 이 운동은 운전을 지루하지 않게 만들뿐 아니라 평소 약한 악력(손가락의 힘)을 키우는 데 도움이 된다. 약한 손가락 힘이 조금은 세지는 것 같았다. 마지막으로 생각해낸 것은 퇴근하고 돌아오면 피곤하지만 공원이나 학교 운동장을 걷는 것이다. 그리고 겨울철에는 헬스클럽에서 운동을 했다.

이 습관은 체력을 키우는 데 도움이 되었다. 예전보다 머리가 맑아지고 공부할 때 집중이 잘 되었다. 예전과 달리 짧은 시간을 최대한 활용하고 있다고 생각하니 기분까지 좋았다. 체력도 단련되어 공부한 것들이 잘 떠오르는 것 같았다.

문득 옛날 중학교 시절이 생각났다. 언제나 시험을 보면 1등을 하는 친구가 있었다. 하루는 친구네 집에 친척들이 몰려와 공부를 할 수 없는 상황이 생겼다. 나는 우리 집에서 시험공부를 하자고 말했다. 그날 밤, 친구와 같이 공부했다. 밤 10시가 되자 나는 평소처럼 잠이 쏟아졌다. 글씨가 가물가물 거리자 친구에게 말했다.

"○○아! 안 졸려? 나는 잘게!"

나는 곧바로 잠에 빠졌다. 잠을 자면서도 시험 걱정이 되었는지 평소와 달리 새벽인데도 깜짝 놀라 눈을 떴다. 4시였다. 그때까지 친구는 잠을 자지 않고 시험 공부를 계속하고 있었다. 잠을 이겨내고 공부할 수 있는 체력과 인내심에 놀랐다. 대단해 보였고, 부러웠다. 나는 튼튼하게 태어난 유전적인 면을 핑계로 돌렸다. 하지만 그는 평소 축구 등 운동을 즐겼다. 나는 친구들이 운동을 하면 관중석에 앉아 경기를 지켜보는 편이었다. 운동하는 사람과 그렇지 않은 사람의 체력 차이가 여기서 생기는 것이다. 지금 생각해 보면 어릴 적부터 평소에 운동을 했다면, 지금보다는 체력이 더 좋았을 것이라고. 그리고 공부도 훨씬 잘했을 거라고.

**시골박사의 한마디!**

운동이 공부에 좋은 과학적 근거

• 운동이 공부 효과를 높이는 이유를 아는가? 이에 대해 임상신경과학자인 다니엘 G. 에이멘(Daniel G. Amen) 박사는 그의 저서 《뇌는 늙지 않는다》에서 운동을 하면 뇌로 가는 혈류를 증가시킬 뿐만 아니라 뇌신경성장인자(BDNF)를 증가시켜 학습 능력이 강화된다고 했다. 하지만 기억해야 할 점이라면 운동을 통한 BDNF의 증가는 일시적이라는 것이다.[61]

• 그렇다면 공부하는 사람은 어떻게 해야 할까? BDNF(Brain Derived Neutro-phic Factor)가 계속 유지될 수 있도록 운동을 꾸준히 하면서 학습하는 것이 좋은 방법이다.

---

61) 다니엘 G. 에이멘, 《뇌는 늙지 않는다》, 윤미나 옮김, 브레인월드, 2016, p.172.

# 05
## 기억력을 높이는
## 세 가지 방법

자신이 좋아하는 일을 하라.
그러면 성공은 자연히 이루어진다.
- 워렌 버핏 Warren Buffett

　평소 기억한 것이 잘 떠오르지 않아 어려움을 겪는 사람들에게 알려주고 싶은 기억력을 높이는 방법이 있다.

　전국 동시에 치러지는 9급 공무원 공채 시험을 보는 인천 한 중학교 교실. 창밖은 5월 날씨답게 따스한 햇살이 쏟아지고 있었다. 고사장에는 학생들이 아닌 성인들이 숨죽이듯 조용히 앉아 있다. 긴장감이 감도는 분위기다. 오전 9시가 넘자 감독위원 두 사람이 누런 대봉투를 들고 들어온다. 한 사람은 수험생을 바라보며 시험을 보는 주의사항을 설명한다. 또 한사람은 칠판에 응시인원 **

　　　　　　　　　　　　　내 인생을 바꾸는 공부법

명, 참석 인원 등을 쓰고 있다. 잠시 후 안내 방송이 스피커를 통해 나온다. "감독위원님은 문제지를 배부해 주시기 바랍니다." 한 감독관이 W자 형태로 시험지를 나눠준다. 수험생들은 문제지를 기다리고 있다. 이 시험 준비를 위해 적어도 1년 이상은 준비했을 것이다. 놀고 싶은 것도 참아가며 오늘을 위해 공부했을 것이다. 드디어 시험 시작을 알리는 벨소리가 울린다. "따르릉." 하는 종소리와 함께 시험이 시작되었다. 감독관 한 사람은 맨 앞에서 똑바로 서서 수험생을 지켜보고, 또 한 사람은 뒤에서 예의주시하기 시작한다.

시험 시간은 100분, 10시에 시작해 11시 40분에 끝난다. 시험이 시작된 지 1시간이 지나자 수험생 몇 명의 태도가 흐트러진다. 머리카락을 손으로 잡고 기억나지 않아 답답해하는 한 수험생의 모습이 눈에 띈다. 어느 수험생은 턱을 손에 기대고 곰곰이 생각에 잠겨 있다. 또 다른 수험생은 펜을 빙빙 돌리며 문제지를 뚫어지게 쳐다본다. 이런 모습들은 공부한 내용이 잘 기억나지 않거나 헷갈릴 때 하는 행동이다. 시험을 위해 머릿속에 집어넣은 정보가 왜 기억나지 않는가?

지금부터 기억이 잘 되지 않아 힘들어 하는 수험생들을 위해 기억력을 높이는 세 가지 방법을 소개한다.

## ✍ 첫째, 이미 알고 있는 정보와 연관시켜 학습하라

—

이 학습 방법은 매우 효과가 크다. 물론 처음에는 익숙하지 않아 이해하고 암기하는 데 시간이 걸릴 지도 모른다. 하지만 의식적으로 노력하면 무조건 암기하는 것보다 훨씬 오래 기억된다는 것을 알 수 있다. 이처럼 기억력을 높이는 연구 결과가 있다. 보스턴 대 기억 연구가인 엘리자베스 켄싱어(Elizabeth Kensinger)는 "새로운 정보가 기존의 정보와 관련되거나 당신이 그 정보의 의미에 집중할 때, 그 정보가 당신의 기억 창고에 오랫동안 저장될 가능성이 더 높아질 것이다."라고 했다.[62]

뇌의 원리를 통해 이 방법을 좀 더 알아보면, 학습의 궁극적인 목표는 학습 활동을 통해 머릿속에 저장된 지식을 필요할 때 꺼내 쓰기 위해서다. 생각하면 떠오르는 장기 기억은 뇌 속의 신경 세포에 정보가 자리 잡고 있는 것을 뜻한다. 이것에 새 정보를 붙이는 것이 새로운 뇌세포 줄기를 만드는 것보다 훨씬 쉽다는 생각이 들지 않는가. 이렇게 공부는 기존에 했던 정보에 덧붙이기 방식으로 해 나가는 것이 효과적인 학습 방법이다. 지식은 우리 뇌 속에

---

62) 제프 브라운 외 2명, 《위너 브레인》, 김유미 옮김, 문학동네, 2011, pp.179~180

내 인생을 바꾸는 공부법

있는 신경계인 뉴런에 저장되며, 이것들은 서로 연관된 내용들끼리 네트워크 형태로 연결된다. 청킹(Chunking)이라는 말을 들어봤는가. 청킹은 묶는다는 뜻으로 기억하려고 하는 정보들을 서로 의미 있게 연결하는 인지 과정을 말한다. 즉, 서로 정보가 연결되면 낱개로 기억되는 것보다 훨씬 많은 정보를 기억할 수 있다. 그래서 여러 분야에서 전문가라고 불리는 사람들의 공통된 특징을 살펴보면 체계적으로 연결된 좋은 지식 구조를 갖고 있다.

### ✎ 둘째, 잠자기 직전, 그리고 깨자마자 반복 학습하라

이 학습 방법은 기억하려고 하는 내용을 반복 학습하는 것이다. 기억은 반복과 비례한다. 나는 지난 9월에 어느 대학 교수의 인문학 강의를 들었다. A 교수는 우리나라 명문대를 졸업한 후 프랑스에서 석·박사 과정을 마치고 이 대학에서 수십 년간 학생들을 가르치고 있다. 그의 인문학 강좌는 유명하다. 교수는 기억되지 않는 것을 명확하게 생각나게 하는 방법을 소개했다.

"잠자리에 들기 전에 외워야 하는 것을 다섯 번 큰 소리로 외치세요. 그리고 잠에서 일어나자마자 그것을 다시 다섯 번 크게 말해보세요. 이렇게 5일만 하면 완전히 외워집니다."

교수가 이야기한 것처럼 우리 뇌는 반복하면 이것이 중요하다고 판단하여 기억하려고 애쓴다. 물론 암기할 때 반복이 필요하다는 것쯤은 이미 알고 있다. 하지만 우리는 무심코 그냥 넘기는 습관이 있다. 그것이 단기 기억 상태인데도 완전하게 암기되었다고 판단하기 때문이다. 이렇게 단기 기억된 공부 내용은 시험일이 다가와 다시 볼 때 흐릿하게 생각나기는커녕 마치 처음 보는 것처럼 느껴지게 한다. 이렇게 흐릿한 느낌이 없게 하려면 수시로 반복해서 보고 생각하고 써 보는 게 최고의 학습 방법이다.

## ✑ 셋째, 누군가를 가르치라

가르치는 것이 최고로 좋은 기억 방법이다. 연구에 의하면 교실에서 듣는 강의는 5%, 읽기는 10%만이 기억된다. 또 그룹 토론을 통한 기억은 50%, 체험을 통한 기억은 75%가 머릿속에 남는다고 한다. 이런 방법보다 더 뛰어난 기억 방법이 있다. 그것은 바로 남을 가르치는 것이다. 이 학습 방법은 무려 90%를 기억할 수 있다고 한다. 처음에는 가르치는 방법이 서툴러 어색할 수 있고 설명이 잘 되지 않아 엉성할 수도 있다. 하지만 반복해서 습관을 들이면 선생님 못지않게 잘 설명할 수 있게 된다. 이렇게 누군가에게 설명을 할 수 있다는 것은 당신이 이것을 충분히 이해하였다는 것을 의미한다.

정리해 보면,

첫째, 새로운 정보를 기존 정보에 연관시키는 방법은 이미 정보를 담고 있는 뇌의 신경 세포 주머니에 새로운 정보를 넣는 것이다. 이것은 새롭게 신경 세포를 만드는 방법보다 훨씬 쉽다. 다만 연관시킬 정보를 찾는 것이 조금 시간이 걸릴 뿐이다.

둘째, 뇌는 반복해서 같은 정보가 들어오면 그것을 중요하다고 인식하여 저장한다. 잠자기 직전 반복하는 것은 잠을 자면서도 뇌의 원리를 활용하여 한 번 더 복습하는 것이다. 또한 아침에 일어나자마자 반복하는 것은 뇌의 피로가 회복되어 기억력이 높은 상태이기 때문에 효과가 높다.

셋째, 누군가를 가르치는 방법(설명하는 것)이다. 수만 년 전 현생 인류는 문자를 사용하지 않았다. 가족이나 동족 간의 의사소통은 오직 말을 통해 전달해야 했다. 따라서 설명하는 사람은 정보를 정확하게 기억하고 있다는 의미가 된다.

**시골박사의 한마디!**

불안감 극복 방법

- 우리는 시험을 눈앞에 두고 불안감을 느낄 때가 많다. 이런 불안감을 이겨내는 방법은 없을까? 이에 대해 연세대 김주환 교수는 웬만한 불안 증세는 1주일에 3번 이상 1시간씩 땀 흘리는 유산소 운동을 6개월만 꾸준히 하면 극복할 수 있다고 했다. 유산소 운동은 자체가 뇌에 신선한 혈액을 공급해 긍정적 정서를 향상시키며, 매일 유산소 운동을 하면 기억력과 학습 능력이 향상된다고 했다.[63]
- 공부를 하는 데 유산소 운동은 마치 마라톤 선수가 뛰며 중간에 마시는 물만큼이나 중요하다. 요가나 명상은 스트레스 해소와 에너지를 북돋아 불안감을 이기게 하고 자신감을 키우는 데 큰 도움이 된다.

---

63) 김주환, 《GRIT》, 쌤앤파커스, 2013, p.205.

내 인생을 바꾸는 공부법

# 06 '쓰다'의 힘

글쓰기는 글쓰기를 통해서만 배울 수 있다.
바깥에서는 어떤 배움의 길도 없다.
– 나탈리 골드버그 Natalie Goldberg

예전에 나는 시간 관리를 위해 '적어두기'를 자주 하지 않았다. 하지만 이렇게 시간을 보내서는 안 되겠다고 마음먹을 때가 매월 마지막 날이었고, 한 해의 마지막 달이었다. 되돌아보면 하고 싶은 것은 많았는데 계획 없이 그저 일상생활 속에 파묻혀 하루하루를 보낸 것이다. 1년 또 1년, 수년이 흘렀다. 이런 생활 습관을 바꾸게 만든 것은 작은 메모지였다.

어느 날 나는 '어떻게 하면 놓치기 아까운 여러 가지 좋은 생각을 잘 관리할 수 있을까'를 고민했다. 그 가운데 가장 쉽고 편한 방법이 A4 용지 한 장을 사용해 '해야 할 일을 쓰는 것'이었다.

나는 무언가를 써 놓기 위해 평소 많이 사용하고 있는 A4 용지 한 장을 8조각으로 접었다. 그러면 호주머니에 넣고 다닐 정도의 적당한 크기가 된다. A4 용지와 함께 잉크가 흘러나오지 않는 볼펜을 같이 넣고 다니면 좋다.

좋은 점은 우선 종이 한 장 또는 두 장 정도라 부피가 얇고 가볍다. 그리고 많은 내용을 적어야 할 때는 접어진 부분을 차례로 펴서 사용할 수 있다. 메모할 때는 제일 먼저 메모장 1번 윗부분에 날짜와 번호를 적고 시작한다. 메모량이 늘어나 다음 쪽으로 이동할 때는 각 면 상단에 ①, ②, ③…… 번호를 차례로 적어 가며, 메모한다. 이렇게 적은 내용은 저녁 때 또는 시간이 있을 때 노트에 정리한다.

| ① <br> ○○○○. ○. ○ <br> \<오늘 할 일\> <br> 1. <br> 2. <br> 3. <br> : | ② | ③ | ④ |
|---|---|---|---|
| ⑤ | ⑥ | ⑦ | ⑧ |

\* 1번란은 오늘 해야 할 일을 적어두면 수시로 볼 수 있어 잊지 않고 실천할 수 있다.

그리고 노트에 옮겨 쓸 때는 날짜와 장소를 가능한 적어 두는 것이 좋다. 그때 생생한 분위기가 기억을 쉽게 떠올리게 하기 때문이다.

우리 뇌는 장소까지 연상되었을 경우 기억이 잘 난다. 그것은 뇌 속에 기억을 돕는 해마가 있기 때문이다. 영국 유니버시티 칼리지 런던 존 오키프(John O'keefe) 교수는 실험용 쥐를 통해 쥐의 위치를 추적하는 실험을 했다. 특이하게도 쥐가 특정 구역을 가면 해마 세포가 활발하게 움직이는 현상을 발견했다. 이것을 위치 세포(place cell)라 한다. 이 연구 공로로 그는 2014년 노벨 생리의학상을 받았다.[64] 이런 공간 기억은 사람의 해마에서도 볼 수 있다. 복잡한 런던 시내를 운전하고 있는 택시 기사 뇌의 해마에서도 이 현상이 나타나고 있다. 여기서 해마는 바다에 사는 해마(hippo campus, 海馬)와 모양이 비슷하다고 해서 붙여진 이름이다.

우리의 뇌 속 해마에는 장소를 기억하는 세포가 있다는 것이 최근 연구 결과에서 밝혀졌다. 어떤 사건이나 기억해야 할 것이 있을 때 장소까지 이미지를 떠올리며 기억하면 훨씬 잘 떠올릴 수 있다.

---

64) 강봉균 외 8명, 《렉처 사이언스 KAOS 02》, 휴머니스트, 2016. pp.94~95.

내가 수년 동안 가장 잘하고 있는 습관은 메모를 통한 시간 관리일 것이다. 메모의 위력은 자신과 약속한 메모지에 수시로 기록하겠다는 마음가짐이 클 때 나타난다. 일상생활에서 번뜩 떠오르는 좋은 아이디어는 바람처럼 순식간에 사라져 다시 떠올리려 애써도 기억나지 않는다. 아이디어를 도망치지 못하게 잡아두는 것이 메모 습관이다. 또 해야 할 일이 많아 머리가 복잡해졌을 때 순간순간 떠오르는 생각들을 기록해 둔 메모를 수시로 보면서 해결할 수 있어 마음이 차분해진다. 물론 기분도 좋아지고 자신감도 생긴다. 이제부터 메모하는 습관을 기르기 위해 매우 중요한 것을 이야기해 보려고 한다.

## ✍ 잠자기 전에 내일 계획을 미리 메모하라

나는 잠을 자려 할 때 메모지와 메모 노트를 침대 가까이에 가져다 놓는다. 물론 가볍게 읽고 싶은 책도 함께 둔다. 침대 옆에 앉아 그날 메모한 내용을 가볍게 훑다가 문득 떠오르는 생각은 잊기 전에 메모한다. 이 습관은 머리를 개운하게 만든다. 이 습관이 몸에 배어있지 않았던 예전에는 이것을 까먹지 않으려고 반복해서 기억하려 애썼다. 이제는 그럴 필요가 없다. 물론 잊을 염려가 없어 걱정도 하지 않는다. 그리고 잠이 오기 전까지 책을 읽는다.

내 인생을 바꾸는 공부법

아침에 일어나면 어제 메모한 계획을 한번 훑어본다. 이 계획 가운데서 중요하고 꼭 해야 할 일은 빨강 색연필로 별표(☆) 표시를 한다. 나는 아침 시간에 머리가 맑아 독서나 글쓰기가 잘된다. 출근해서 사무실에 들어가면 가장 먼저 수첩과 펜을 잡는다. 그리고 메모지나 수첩에 오늘 해야 할 일을 추가로 생각나는 대로 적어 나간다. 사소한 일에서부터 하루에 끝낼 수 없는 것도 적는다. 메모에 가장 중요하고 오늘 꼭 해야 할 일부터 번호를 매긴다. 번호를 매긴 후부터는 번호 순서대로 처리해 나간다. 물론 외부의 전화나 회의 등으로 시간이 밀려 나가기도 하지만 가능한 순서를 지켜나가려고 노력한다.

이렇게 메모지에서 순서대로 완료한 것은 '∧' 표시를 펜으로 한다. 오후가 되어 퇴근 시간이 가까워질수록 ∧ 표시가 늘어나고 있을 때 뿌듯함과 성취감을 느낀다. 퇴근 시간이 아직 멀었는데 이미 계획한 오늘 할 일을 끝마칠 때는 기쁜 마음과 함께 자신감까지 생긴다.

어떤 메모 내용은 그림으로 그리면 기분도 좋아지고 재미있다. 메모 습관을 통한 자신감은 하루하루 일과를 계획적으로 보내게 만들고, 적극적이고 효율적으로 추진하게 만든다.

## ✒ 아이를 둔 부모라면 먼저 이 습관을 보이라

아이들은 부모의 행동을 대부분 따라한다. 말하는 것부터 시작해서 모든 것이 아이에게는 부모가 모델인 셈이다. 메모하는 행동도 마찬가지다.

어느 독서 모임에서 있었던 일이다. 10년 전부터 수첩에 메모하는 습관을 가지고 있는 분이 있었다. 어느 날 초등학교 다니는 아이가 자신을 본받아 노트에 메모하고 있는 것을 우연히 보고 깜짝 놀랐다고 했다. 아이가 엄마를 따라하고 있었던 것이다. 이 모습을 본 그 엄마는 이야기를 하면서도 매우 흡족해 했다.

우리는 부모의 습관이 아이에게 그대로 옮겨 간다는 사실을 알면서도 실천하지 않는다. 좋은 습관을 억지로 아이에게 시켜 나가는 것보다는 부모가 솔선수범하여 아이에게 자연스럽게 옮겨가도록 하는 자세가 아이를 더욱 크게 성장하게 만드는 길이다.

지금까지 소개한 메모 습관은 조금만 신경 쓰면 실천할 수 있다. 떠오르는 생각들을 바로 메모해서 기억하고, 잊어버릴 수 있다는 부담까지 해소한다. 하루를 생산적으로 보내게 되어 예전보다 훨씬 의욕이 넘칠 수 있다.

**시골박사의 한마디!**

두뇌 능력을 키우는 방법

- 어떻게 하면 두뇌 능력을 키울 수 있을까? 이에 대해 하버드대 의과대 에드워드 할로웰(Edward Hallowell) 교수는 그의 저서 《하버드 집중력 혁명》에서 다음과 같이 밝히고 있다.

  새로운 일이나 어떤 일을 지금까지 하지 않았던 방법으로 해 보라고 했다. 예를 들면 새로운 언어 배우기, 오른손잡이라면 왼손으로 글자 쓰기, 한 손으로는 원을 그리고 다른 손으로는 사각형을 그리는 방법도 두뇌 능력을 키우는 데 도움이 된다[65]고 했다.

- 이것은 인지 자극 훈련이다. 나는 가끔 양치질을 할 때 왼손으로 이를 닦는다. 그리고 책을 읽다가 지루해지면 책에 나온 글의 일부를 따라 종이 위에 왼손으로 써 본다. 엉성하게 쓴 글이 나를 우습게도, 즐겁게도 한다. 기분 전환에 도움이 된다.

---

65) 에드워드 할로웰, 《하버드 집중력 혁명》, 박선령 옮김, 토네이도, 2015, pp.255~257.

# 07

## 눈에 띄게 성적 올리는
## 노트 정리법

*잘하게 되기 전까지는 결코 재미가 없다*
*– 예일대 교수 에이미 추아 Amy Chua*

2년 전 어느 가을날 나는 인천공항으로 가는 버스를 탔다. 버스가 우리나라에서 가장 길다는 인천대교로 진입했다. 5분쯤 더 달리자 눈앞에 온통 푸른 바다가 펼쳐졌다. 바다 위에는 갈매기들이 끼룩끼룩 소리를 내며 먹이를 찾는 듯 날아다녔다. 여행을 온 사람들이라면 바깥 풍경 때문에 기분이 들뜰 것만 같았다. 내 앞좌석에는 어른 한 사람과 무릎에 가방을 올린 남학생이 타고 있었다. 남학생은 달리는 버스 안인데도 학교 시험 기간인지 열심히 문제를 풀고 있었다. 그러다가 뭔가 궁금한 게 있는지 볼펜을 빙글빙글 돌리면서 노트를 펼쳐 훑어보고 있다. 어떨 때는 생각이 잘 떠오르지 않는지 창밖 바다와 멀리 보이는 영종의 백운산을 한참동안 응시했다. 백운산은 울긋불긋한 단풍으로 아름답게 물들고 있었다. 이 모습을 지켜보고 있던 어른이 무슨 생각이 들었는지 말을 건넸다.

"학생! 시험 공부를 하고 있는 것 같구나"

"네!"

학생이 대답했다.

"요즈음 많이 힘들지?"

그분은 말을 계속 이어 갔다.

"내가 대학에서 심리학을 가르치고 있는데, 학생에게 도움이 될 만한 공부법 한 가지 가르쳐 줄까?"

이 말에 학생은 허리를 똑바로 세우고, 그의 얼굴을 쳐다보며 관심을 보인다.

교수는 밝게 웃으며 말한다.

"학생이 적극 듣기를 원하는 것 같아 먼저 몇 가지 물어 볼게."

"학생은 수업 시간에 노트 정리를 어떻게 하나?"

이 말을 들은 학생은 약간 멋쩍은 듯한 표정을 지으며 대답했다.

"선생님이 칠판에 쓴 내용을 그대로 모두 적습니다. 그렇게 쓴 노트는 시험이 가까워졌을 때 반복해서 쓰고 암기합니다."

이 말을 듣고 있던 교수가 나지막한 목소리로 말했다.

"노트를 꼼꼼히 적는 것은 좋은 방법이지만, 중요한 것을 놓치고 있는 것 같구나. 칠판에 쓴 수업 내용은 그냥 받아 적지 말고, 그 내용 중에서 어떤 부분이 핵심인지를 파악하며 적으면 기억이 잘 돼. 이 방법은 어떤 과목을 공부하더라도 해볼 만한 중요한 방법이야."

교수의 말에 학생의 표정이 밝아졌다.

"또 한 가지는 친구에게 설명하듯이 작성하는 방법인데, 이것은 혼자서 책을 보고 노트를 정리할 때도 매우 유익해."

말을 듣고 있던 학생은 기억할 만한 것이라고 생각했는지 교수의 얼굴을 계속 쳐다보고 있었다. 교수는 이야기를 이어갔다.

"조금 구체적으로 말한다면 '왜' 이렇게 되는지, 그 이유는 무엇인지를 설명하듯 작성하는 거야. 꼭 한번 해 봐. 공부하는 데 큰 도움이 될 거야."

이 말에 학생은 고마움을 느꼈는지 환한 미소와 눈빛으로 말했다.

"감사합니다."

교수가 이렇게 학생에게 이야기를 하는 동안, 버스는 벌써 인천공항에 도착하고 있는지 안내 방송이 흘러 나왔다.

"이번 정류소는 인천공항 여객터미널입니다. 다음은 ○○○입니다."

내 인생을 바꾸는 공부법

앞 내용을 구체적으로 설명한다면,

하나는 노트 정리를 할 때 핵심 내용이 무엇인지를 파악하며 정리하는 것이다. 나는 이 방법으로 노트 정리를 해 보았다. 그랬더니 핵심어를 찾기 위해 의식적으로 정신을 집중하게 만들었다.

또 하나는 자신의 표현 방식으로 친구에게 설명하듯 노트를 작성하는 것이다. 이 방법은 노트 내용을 정확하게 이해할 수 있게 한다. 그리고 노트를 작성하는 데 즐거움까지 준다. 뿐만 아니라 작성 내용을 오랫동안 기억하는 데 매우 유익하다.

내가 하고 있는 방법을 여기에 조금 더 보태 본다면,

위와 같이 작성된 노트에 핵심어를 찾아 빨강 색연필로 동그라미를 치는 것이다. 그리고 핵심어와 연관된 중요 부분에는 노랑 색연필로 밑줄을 긋는다. 그러면 복습할 때 핵심어가 눈에 선명하게 들어와 이해가 빨리 되었다. 이 방법은 복습을 계속할 때 속독할 수 있게 한다.

하지만 학교 수업 시간에 선생님이 강의하는 내용을 제대로 이해하지 못해서 체계적으로 노트 정리를 할 수 없을 때는 어떻게 해야 할까? 우선 선생님이 강의하는 내용을 그대로 받아쓴다. 그리고 나중에 그 내용을 다시 옮길 때 위에서 설명한 방법으로 작성하는 것이다. 조금 번거롭기는 하지만 깔끔하고 체계적으로 정리할 수 있다는 장점이 있다.

나는 글을 읽을 때 이 부분에서 핵심어가 무엇인지를 찾아가며 읽는 습관이 있다. 그랬더니 훨씬 머릿속에 남을 게 많다는 것을 알았다. 이렇게 하면 글을 지루하지 않게 읽는다. 그리고 읽다가 '이것 중요하네.'라고 생각되는 문장은 노트에 메모한다. 신문도 읽다 기억하고 싶은 내용이 나오면 바로 메모한다. 메모한 내용은 거실 식탁에서 가족과 함께 식사나 간식을 먹을 때 이야기한다. 이 습관은 다시 한 번 반복해서 기억하는 데 도움이 된다. 그리고 가족과 지식을 공유하고 토론하는 시간을 가질 수 있어 적극 권하고 싶다.

여기에 더 효과적인 방법을 덧붙이자면 '노트 내용을 잠자리에 들기 30분 전 한 번 더 가볍게 훑어보는 방법'이다. 이 습관은 그날 공부한 내용을 단기 기억에서 장기 기억으로 저장하는 데 매우 효과적이다.

**시골박사의 한마디!**

서울대 합격생 100인이 밝힌 노트 정리법

- 노트 정리만 잘해도 성적을 끌어올릴 수 있다. 양현 외 2명이 쓴 《서울대 합격생 100인의 노트 정리법》에서 합격생들은 먼저 핵심을 파악한 후 목차에 따라 체계적으로 노트를 정리했다. 그리고 누군가에게 설명하듯 논리적으로 작성했다. 틀린 문제는 다시 틀리지 않도록 그 원인을 메모했다.[66]
- 노트 정리는 공부한 내용에 대해 다시 한 번 생각하기 때문에 복습하는 과정이 된다. 또한 쓰면서 머릿속으로 정리하는 과정이 사고력을 키우게 만든다.

---

66) 양현 외 2명, 《서울대 합격생 100인의 노트 정리법》, 다산북스, 2015, pp.38~57.

# 08
## 수면 이야기

모든 습관은 노력에 의해 굳어진다.
잘 걷는 습관을 기르기 위해서는 많이 걷고,
잘 달리기 위해서는 많이 달려야 한다.
– 로마의 철학자 에픽테토스 Epictetos

### 🖋 원시인의 수면

현생 인류의 탄생은 놀랍게도 아프리카에서 시작되었다. 낮에 남자들은 사냥하기 위해 뛰어 다녔고, 여자들은 아이들을 돌보며 시간을 보냈다. 그들은 밤이 되면 서로 모여 잠을 잤다. 사냥을 위해 숲속을 뛰어 다녔던 남자들은 운동 덕분에 키가 크고 힘이 세졌고, 여자들은 아이들을 돌보며 이야기를 나눈 덕분에 언어 발달에 유리했다. 그래서일까. 연구에 의하면 남자는 하루 평균 7천 단어를 사용하고, 여자들은 2만 5천 단어를 사용한다고 한다. 아무튼 밤에 잠을 자는 것은 수십만 년 동안 내려온 현생 인류의 환경적 특성이다. 그래서 우리 몸은 밤늦도록 잠을 자지 않는 현대 시대를 그리 원하지는 않을 것 같다.

매일 자는 잠, 이것이 우리 건강을 지키고 외부로부터 들어온 정보를 머릿속에 저장하는 데 얼마나 필요한지를 모른다. 그러다보니 잠을 날마다 소홀히 대접한다. 하지만 조금만 부족해도 즉시 깨닫는다. 얼마나 내게 잠이 중요한지를.

## 🖋 최고의 수면 방법
—

최고의 수면이란 어떤 상태를 말하는가. 바로 뇌와 몸, 마음이 최고의 컨디션을 유지하는 데 적정한 수준을 말한다. 그렇다면 밤에 깊은 잠을 자는 방법이라면 무엇이 있을까. 가장 간단한 방법은 오전에 햇볕을 쬐는 것이다. 우리 뇌는 햇볕을 쬐면 멜라토닌이라는 수면 호르몬을 만든다. 그리고 깊은 밤이 되면 활성화된다. 다른 하나는 잠자는 시간을 벗어나지 않고, 정해진 시간에 자는 것이다. 한마디로 규칙적인 생활 습관이다.

하지만 밤이 깊었는데도 잠이 오지 않는다면 어떻게 할까? 이때는 다음과 같이 해보면 어떨까. 우선 샤워를 하고 방안을 어둡게 한다. 방안을 어둡게 하면 멜라토닌 호르몬이 많이 분비되고, 샤워를 하면 체온이 약간 떨어져 잠이 잘 오기 때문이다. 또 다른 방법도 있다. 잠자리에 누워 명상하듯 눈을 감는다. 그리고 천천히 호흡을 길게 내쉬고 들이쉬는 것이다. 자신도 모르게 잠이 들 것이다.

## ✍ 세계적인 수면 연구자 초대, 수면법 강연

지금부터는 연구를 통해 밝혀진 수면에 대해 조금 더 깊이 알아본다. 수면이 내게 주는 이로움, 더 나아가 수면을 활용한 뇌의 활성화 방법에는 어떤 것이 있는지 전문가를 초대하여 이야기를 들어 보자. 수면에 대한 지식을 재미있게 전하기 위해 여러분을 아름다운 도시로 초대한다.

여기는 7월 여름철. 시원한 바람과 푸른 바다가 펼쳐진 부산 해운대 해수욕장이다. 초대한 강연자는 수면의 황금 시간 90분의 비밀 등을 다룬 《스탠퍼드식 최고의 수면법》이라는 책[67]을 쓴 스탠퍼드대 정신과 니시노 세이지 교수와, 《좌뇌와 우뇌 사이》라는 책을 쓴 마지드 포투히 박사를 모셨다. 여러분들의 궁금증이 시원하게 풀리기를 기대한다.

---

67) 니시노 세이지, 《스탠퍼드식 최고의 수면법》, 조해선 옮김, 북라이프, 2017, pp.33~70.

내 인생을 바꾸는 공부법

사회자 : 안녕하십니까. 오늘 이 시간은 어떻게 일상생활에서 수면을 잘 활용할 것인가를 모색하기 위한 토론 자리입니다. 초대석에는 수면의 질을 높이기 위해 수십 년간 연구를 해 오신 스탠퍼드대 니시노 세이지 교수님과 하버드대 의대를 우등으로 졸업하시고, 존스홉킨스대에서 신경과학으로 박사 학위를 취득하신 마지드 포투히 박사님이 나오셨습니다. 힘찬 박수로 맞이해 주시기 바랍니다. 또 대화를 함께 나눌 대학생, 취업준비생도 참석했습니다. 아무쪼록 유익한 토론 시간이 되길 바랍니다. 먼저 수면에 대해 궁금하다고 하신 취업 준비하시는 ○○○님, 말씀해 주시기 바랍니다.

취업 준비생 : 저는 올해 스물여섯입니다. 대학을 졸업하고 공무원 시험 준비를 하고 있습니다. 단기간에 합격하기 위해 수면 시간을 최대한 줄이려고 노력하고 있습니다. 그런데 UCLA에서 뇌과학을 연구하여 박사 학위를 받은 앨릭스 코브(Alex Korb)는 '잠은 학습과 기억력을 향상시킨다.'[68]를 강조하고 있습니다. 정말 잠을 줄여 공부하는 것이 바람직하지 않은 것인지, 교수님의 의견을 듣고 싶습니다.

---

68) 앨릭스 코브, 《우울할 땐 뇌과학》, 정지인 옮김, 푸른숲, 2018, p.184.

니시노 교수 : 네. 좋은 질문입니다. 수면은 하루 6시간 이상 취하라고 권하고 싶습니다. 누구나 잘 아는 이야기이지만 잠을 푹 자야 아침에 일어났을 때 머리가 맑습니다. 숙면을 하면 아이디어가 잘 떠오르고, 공부할 때 집중이 잘 되는 것을 경험했을 것입니다. 따라서 공부 시간을 충분히 확보하고 싶다면 잠은 충분히 자면서 자투리 시간을 최대한 활용하는 것이 바람직하다고 생각합니다.

사회자 : 수면에는 렘 수면과 논렘 수면이 있다고 들었습니다. 이 두 가지 수면에 대해 교수님께서 설명을 해주시면 좋겠습니다.

니시노 교수 : 네, 렘(REM) 수면은 '급속 안구 운동(Rapid Eye Movement)'의 약자로 안구가 잠자는 동안에 움직이는 것을 의미합니다. 이때는 두뇌는 깨어 있고 몸은 자는 수면 상태입니다. 렘 수면 동안에는 꿈을 꾸기도 합니다. 논렘(Non-REM) 수면은 뇌도 몸도 자는 수면 상태를 말합니다. 우리가 잠에 빠져들기 시작한 90분 동안이 논렘 수면인데, 이 시간대를 '수면의 골든타임'이라 말할 수 있습니다.

특히 이 시간은 우리 몸에 유익한 세 가지를 활성화 시키는데, 여기서는 공부와 관련된 두 가지만 설명하겠습니다. 하나

내 인생을 바꾸는 공부법

는 성장 호르몬이 가장 많이 분비됩니다. 성장 호르몬은 아이의 성장에만 관여하는 것이 아니라, 성인의 세포 증식을 돕거나 신진대사를 촉진합니다. 다른 하나는 자율 신경이 균형을 이루도록 합니다. 자율 신경은 체온을 유지하고, 심장을 움직이며 호르몬을 조절합니다. 따라서 공부에 영향을 주는 것입니다. 이런 렘 수면과 논렘 수면은 90분 간격으로 하룻밤에 서너 번 반복됩니다.

사회자 : 교수님 말씀을 듣다 보니, 제 궁금증이 풀렸습니다. 초등학교 시절이었습니다. 어느 날 잠자고 있는 남동생이 잠을 정말로 자고 있는지 아닌지를 확인하고 싶었습니다. 그래서 남동생 눈꺼풀을 조심스럽게 열어봤습니다. 그런데 이게 웬일인가. 분명히 잠을 자고 있는데 눈은 좌우로 움직이고 있었습니다. 깜짝 놀랐습니다. 그 당시 저는 잠을 자고 있으면 눈동자도 움직이지 않아야 한다고 생각했는데 말입니다. 제가 무척 어릴 적 호기심이 있었던 모양입니다. 하하~!

대학생 : 수면이 공부에 도움이 된다는 점을 더 깊이 말씀해 주시면 감사하겠습니다.

니시노 교수 : 네, 수면 연구 학자들은 렘 수면 중에 우리가 언제 어디서 무엇을 했는지에 관한 기억이 고정된다는 연구 결과를 내 놓고 있습니다. 여러분이 알고 계시듯이 우리가 잠을 자고 있는 시간 동안 렘 수면과 논렘 수면이 몇 차례 반복됩니다. 이 반복은 시간이 흐를수록 점점 얕은 수면으로 이동하면서 기억이 정리되고 낮에 들어온 정보들이 정착된다고 이해하시면 좋겠습니다.

포투히 박사 : (옆에서 듣고 있던 포투히 박사가 대학생에게 무슨 말을 더 해 주고 싶었는지 마이크를 잡는다.) 제가 좀 더 말씀을 드리겠습니다. 최근 들어 수면이 기억력, 학습, 태도에 얼마만큼 중요한 요소인지 밝혀지고 있습니다. 특히 논렘 수면일 때 흐르는 뇌파는 해마에 보관된 정보를 장기 기억으로 저장하는 데 도움을 줍니다. 따라서 숙면을 취하지 못하면 장기 저장 창고에 기억을 보내는 데 차질이 발생하는 것입니다. [69]

취업 준비생 : 교수님 책에 재미있는 이야기가 나와서 여쭤 봅니다. 황제펭귄은 새끼가 부화할 때까지 1~2개월 동안 거의

---

69) 마지드 포투히, 《좌뇌와 우뇌 사이》, 서정아 옮김, 토네이도, 2014. p.233.

내 인생을 바꾸는 공부법

잠을 안 잔다고 하셨잖아요. 황제펭귄이 사는 곳은 영하 60도인데 말입니다. 둥지도 만들지 않고 매섭고 추운 눈보라 속에서도 먹지도 않고요. 그런데 이 역할을 암컷이 아닌 수컷이 한다고요. 황제펭귄 수컷은 암컷을 무척 사랑하는 동물인 것 같아요. 하하~! 그렇다면 인간은 최대한 몇 시간 동안 잠을 자지 않고 버틸 수 있는지 궁금합니다.

니시노 교수 : 네, 흥미로운 질문입니다. 현재 기네스 기록에 따르면, 미국 남자 고등학생이 무려 11일 동안이나 잠을 자지 않고 버텼다고 하는데, 오랜 시간 동안 잠을 자지 않고 버티는 것은 건강에 도움이 되지 않습니다. 평소 잠을 충분히 자는 습관이 학습 효과를 높이고 건강을 지키는 길입니다.

대학생 : 제가 잠을 설치고 아침에 일어나면 얼굴 피부가 조금 까칠하게 보이는데, 그 이유를 설명해 주실 수 있을까요?

니시노 교수 : 네, 피부에 관심이 많은 학생이군요. 피부는 수면과 긴밀한 관계가 있습니다. 피부는 성 호르몬과 성장 호르몬의 영향을 받기 때문에 잠을 자면 피부의 수분 함유량도 증가

합니다. 이처럼 수면과 호르몬 균형은 서로 밀접하게 영향을 주고받는다고 기억하면 좋겠습니다.

대학생 : 교수님! 성장 호르몬에 관심이 많은데, 이 호르몬에 대한 이야기를 좀 더 해 주시면 좋겠습니다.

니시노 교수 : 역시 젊어서 성장 호르몬에 관심이 깊군요. 다시 한번 말씀드리면 성장 호르몬은 세포를 성장시키고 신진대사를 촉진시킵니다. 또 피부 유연성을 증가 시키고 노화 방지를 돕는 역할을 합니다. 따라서 맨 처음 90분 동안 가장 깊은 논렘 수면이 성장 호르몬의 80% 정도를 분비하는데, 수면 시간을 줄이면 그만큼 호르몬 부족 상태가 되는 것이죠. 그리고 학습 후에 잠을 자면 기억이 정착된다는 사실을 꼭 알아두면 좋겠습니다.

사회자 : 지금까지 수면에 대해서 이야기를 나눴습니다. 수면에 대한 지식을 잘 활용한다면 학습에 큰 도움이 될 것 같습니다. 아무쪼록 취업 준비를 하시는 분들이나 대학입시를 위해 공부하는 학생들이 좋은 성과가 있기를 기대합니다. 감사합니다.

**시골박사의 한마디!**

잠자는 동안 뇌에서는 무슨 일이 벌어지고 있을까?

- 잠자는 동안 우리 뇌는 어떤 일을 하고 있을까? 이에 대한 연구 결과가 있다. 런던대 피에르 맥퀴어트(Pierre Macquet) 연구팀은 다음과 같은 실험을 헷다. 참가자들에게 낮에 복잡한 과제를 훈련시키고 뇌 영상을 촬영했다. 그날 밤 그들이 잠자는 동안에도 뇌 영상을 촬영했는데, 똑같은 뇌 영역이 다시 활성화된다는 것과 다음 날 과제를 수행하는 데도 능력이 향상된다는 것을 알았다.[70]
- 이처럼 수면은 기억과 학습에 도움을 준다. 공부할 시간이 부족하다고 수면을 줄이는 일은 없어야겠다.

---

70) 사라 제인 블랙모어 · 우타 프리스, 《뇌, 1.4킬로그램의 배움터》, 손영숙 옮김, 해나무, 2009, pp.336~337.

# 무엇을 배우든 힘든 과정은 있다.

6살 때였다.
마을 형이 바닷가로 수영을 하러 가자고 했다.
파도소리 들리는 바닷가는 돌멩이들이 보일 만큼 맑았다.
"나는 수영할 줄 몰라."
"괜찮아, 형이 가르쳐 줄게."
우리는 옷을 모두 벗고 서서히 바닷가로 나갔다.
"(수영을 배우려면) 여기까지 나와서 해야 해!"라고 형이 다정하게
말했다.

수영을 배우고 싶었던 나는 형이 하는 말을 따르기로 했다.
하지만 한 번도 허리 위까지 나가 본 적 없는
나는 겁이 덜컥 나기 시작했다.
조심조심 바닷물이 가슴까지 차오르는 데까지 나갔을 때,
형은 내 몸을 끌어 깊은 물속으로 갑자기 밀어 넣었다.

물을 먹기 시작했다. 짠맛에 머릿속이 찡해졌다.
난 깜짝 놀라 물 밖으로 나오려고
물에서 가라앉지 않으려고
최선을 다해 헤엄치기 시작했다.
하지만 그건 개헤엄이었다.

배가 부르고 토할 정도로 바닷물을 잔뜩 먹었지만,
애쓴 노력은 있었다.
스스로 헤엄쳐 바닷가에 닿은 것이다.

하지만 살았다는 감정과 억울함이 복받쳐 올랐다.
왈칵, 울음이 터졌다.
옆에서 나를 지켜본 형은
"수영은 원래 그렇게 배우는 거야! 하하!" 하며 웃었다.
형이 정말 미웠다.

그 해는 수영하러 바닷가에 가지 않았다.
바다가 무서웠기 때문이다.
하지만 마음속에는 '나도 형처럼 수영을 할 수 있다.'는 자신감이
생겼다.
다음 해부터는 수영을 하며 여름을 즐겁게 보낼 수 있었다.

돌이켜 생각해 보면
무엇을 배우든 힘든 과정은 있는 것 같다.
자전거 타기, 컴퓨터 배우기 등
내가 수영을 익힌 것처럼.

〈가거도 해수욕장 풍경〉

/ 참고문헌 /

### Chapter 1 공부 전략 : 나만의 차별화

• 하워드 가드너, 《창조적 인간의 탄생》, 문용린 옮김, 사회평론, 2016.
• 대니얼 코일, 《탤런트 코드》, 웅진지식하우스 윤미나 옮김, 2010.
• 할 엘로드, 《미라클모닝 Miracle Morning》, 김현수 옮김, 한빛비즈, 2016.
• 강인선, 《하버드 스타일》, 웅진지식하우스, 2014.
• 김도윤, 《1등은 당신처럼 공부하지 않았다》, 쌤앤파커스, 2019.
• 문요한, 《스스로 살아가는 힘》, 더난출판, 2014.
• 셀리 카슨, 《우리는 어떻게 창의적이 되는가》, 이영아 옮김, RHK, 2012.
• 정재승, 《열두 발자국》, 어크로스, 2018.
• 미하이 칙센트미하이, 《몰입, 미치도록 행복한 나를 만난다》, 최인수 옮김, 한울림,
  2015.
• 찰스 두히그, 《습관의 힘》, 강주헌 옮김, 갤리온, 2016.

### Chapter 2 공부의 즐거움 : 목표와 성취

• 앤절라 더크워스, 《GRIT》, 김미정 옮김, 비즈니스북스, 2017.
• 할 어반, 《인생의 목적》, 김문주 옮김, 더난출판, 2006.
• 이기숙, 《적기교육》, 글담출판사, 2016.

- 존 레이티 · 에릭 헤이거먼, 《운동화 신은 뇌》, 이상헌 옮김, 북섬, 2012.
- 미치오 카쿠, 《마음의 미래》, 박병철 옮김, 김영사, 2015.
- 안데르스 에릭슨 · 로버트 풀, 《1만 시간의 재발견》, 강혜정 옮김, 비즈니스북스, 2016.
- 사이토 다카시, 《내가 공부하는 이유》, 오근영 옮김, 걷는나무, 2014.
- 스리니바산 S. 필레이, 《두려움》, 김명주 옮김, 웅진지식하우스, 2013.

## Chapter 3 행동을 이끄는 마음 : 동기 부여

- 군터 카르스텐, 《기억력 공부의 기술을 완성하다》, 장혜정 옮김, 갈매나무, 2014.
- 에드워드 할로웰, 《하버드 집중력 혁명》, 박선령 옮김, 토네이도, 2015.
- 미하이 칙센트미하이, 《몰입의 즐거움》, 이희재 옮김, 해냄, 2013.
- 조 디스펜자, 《꿈을 이룬 사람들의 뇌》, 김재일 · 윤혜영 옮김, 한언, 2011.
- 스티븐 기즈, 《습관의 재발견》, 구세희 옮김, 비즈니스북스, 2016.
- 켈리 맥고니걸, 《스탠퍼드 성장수업》, 오민혜 옮김, 시공사, 2018.
- 존 레이티, 《뇌 1.4킬로그램의 사용법》, 김소희 옮김, 21세기북스, 2013.
- 에릭 캔델 · 래리 스콰이어, 《기억의 비밀》, 전대호 옮김, 해나무, 2016.
- 문요한, 《스스로 살아가는 힘》, 더난출판, 2014.
- 브라이언 트레이시, 《백만불짜리 습관》, 서사봉 옮김, 용오름, 2011.
- 이와타 마쓰오, 《결국 성공하는 사람들의 사소한 차이》, 김윤경 옮김, 비즈니스북스, 2018.
- 이케가야 유지, 《뇌는 왜 내 편이 아닌가》, 최려진 옮김, 위즈덤하우스, 2013.
- 레프 톨스토이, 《살아갈 날들을 위한 공부》, 이상원 옮김, 위즈덤하우스, 2018.

- 송용섭, 《혼자 공부법》, 다산에듀, 2018.
- 대니얼 J. 시겔·티나 페인 브라이슨, 《내 아이를 위한 브레인 코칭》, 김아영 옮김, RHK, 2012.
- 칼 오너리, 《슬로씽킹》, 박웅희 옮김, 쌤앤파커스, 2014.
- 에드워드 할로웰, 《하버드 집중력 혁명》, 박선령 옮김, 토네이도, 2015.
- 루시 조 팰러디노, 《스마트폰을 이기는 아이》, 이재석 옮김, 마음친구, 2018.
- 강봉균 외 6명, 《뇌,약,구,체》, 도서출판 동아시아, 2013.

**Chapter 4 공부 효과의 극대화 : 시간 관리**

- 강인선, 《하버드 스타일》, 웅진지식하우스, 2014.
- 한재우, 《혼자하는 공부의 정석》, 위즈덤하우스, 2018.
- 윌리엄 데제저위츠, 《공부의 배신》, 김선희 옮김, 다른, 2015.
- 도미니크 오브라이언, 《뇌가 섹시해지는 책》, 김지원 옮김, 비전코리아, 2015.
- 찰스 두히그, 《습관의 힘》, 강주헌 옮김, 갤리온, 2016.
- 대니얼 레비틴, 《정리하는 뇌》, 김성훈 옮김, 미래엔, 2015.
- 마이클 미칼코, 《100억짜리 생각》, 위즈덤하우스, 박종안 옮김, 2011.
- 버나드 로스, 《성취 습관》, 신예경 옮김, 시공사, 2016.
- 사이토 다카시, 《사이토 다카시의 시간관리 혁명》, 이용택 옮김, 도서출판 예인, 2015.
- 사이토 다카시, 《메모의 재발견》, 김윤경 옮김, 비즈니스북스, 2017.
- 쇼 야노, 《꿈이 있는 공부는 배신하지 않는다》, 센추리원, 2012.
- 하워드 가드너, 《창조적 인간의 탄생》, 문용린 옮김, 사회평론, 2016.
- 앨런 배들리, 《당신의 기억》, 진우기 옮김, 예담, 2009.

## Chapter 5 나를 키우는 최고의 학습 : 몰입

- 황농문, 《몰입》, RHK, 2017.
- 존 레이티, 《뇌 1.4킬로그램의 사용법》, 김소희 옮김, 21세기북스, 2013.
- 황농문, 《공부하는 힘》, 위즈덤하우스, 2013.
- 존 J. 메디나, 《브레인 룰스》, 서영조 옮김, 프런티어, 2013.
- 다니엘 G. 에이멘, 《뇌는 늙지 않는다》, 윤미나 옮김, 브레인월드, 2016.
- 제프 브라운 외 2명, 《위너 브레인》, 김유미 옮김, 문학동네, 2011.
- 김주환, 《GRIT》, 쌤앤파커스, 2013.
- 강봉균 외 8명, 《렉처 사이언스 KAOS 02》, 휴머니스트, 2016.
- 에드워드 할로웰, 《하버드 집중력 혁명》, 박선령 옮김, 토네이도, 2015.
- 양현 외 2명, 《서울대 합격생 100인의 노트정리법》, 다산북스, 2015.
- 니시노 세이지, 《스탠퍼드식 최고의 수면법》, 조해선 옮김, 북라이프, 2017.
- 앨릭스 코브, 《우울할 땐 뇌과학》, 정지인 옮김, 푸른숲, 2018.
- 마지드 포투히, 《좌뇌와 우뇌 사이》, 서정아 옮김, 토네이도, 2014.
- 사라 제인 블랙모어 · 우타 프리스, 《뇌, 1.4킬로그램의 배움터》, 손영숙 옮김, 해나무, 2009.

내 인생을 바꾸는 공부법